KB076296

나 회사
너~~~~~무 오래
다닌 것 같아

나 회사
너~~~~~무 오래
다닌 것 같아

손성곤 지음

꼰대와 선배 사이,
퇴사와 이직 사이에 선
월급쟁이들이
직장에서 진화하는 법

카멜북스

프롤로그

＊ ＊ ＊

회사 너무 오래 다녔다는 당신에게

"나 회사 너무 오래 다닌 것 같아……."

"왜 그래, 무슨 일 있어? 김 부장이 또 괴롭혀?"

"아니, 그냥. 일은 익숙한데 지겹고, 발전도 성취감도 없고. 근데 또 새로운 도전은 별로 하고 싶지 않아. 언제까지 회사 다닐 수 없다는 거 잘 아는데, 그런 생각하면 가끔은 캄캄한 바다 위 작은 보트에 혼자 있는 것처럼 불안해."

"야, 그런 감정은 잠깐이야. 시간 지나면 괜찮아질 거야."

"정말 괜찮아지는 걸까? 그냥 잊히는 건 아닐까?"

회사생활은 짧아지고 회사 밖 인생이 길어지고 있다. 대한민국 상장기업의 평균 수명은 33세라고 한다. 하지만 우리 직장인들은 최소 80세는 살아야 한다.

직업란에 '직장인'이라고 써넣으며 살아 온 지 10년 정도가 되었다면, 회사 안의 현실을 냉정히 바라보고 그 안에 도사리고 있는 함정을 피할 수 있어야 한다. 동시에 앞으로의 10년을 위해 배움을 이어 나가야 한다.

10년 안팎의 오랜 기간 동안 회사라는 터널을 걸어 온 직장인들을 위해 이 책을 썼다. 회사 안에만 머물러 있는 삶이 회사 밖까지 자연스럽게 이어질 수 있도록 그 길을 안내하고자 한다.

길을 걷다 보면 맑은 날만 있는 것은 아니다. 때로는 비바람이 몰아쳐 온몸이 흠뻑 젖거나 아파 쓰러지기도 한다. 깊은 바닷속으로 가라앉는 날도 있다. 하지만 가장 괴로운 순간은 당신이 중간까지 걸어 온 이 길이 계속 가도 되는 길인지 확신이 서지 않을 때일 것이다. 머지않아 절벽을 만날 것 같은 느낌마저 들면 더욱더 절망적일 것이다.

그런 순간에 이 책의 단 한 구절이라도 도움이 되었으면 좋겠다.

당신은 회사보다 더 소중한 존재다. 회사를 오래 다닌 만큼 어떤 일을 잘하는지, 어떤 분야의 일을 더 하고 싶은지, 누구보다 스스로를 가장 잘 아는 당신이 되길 바란다.

2019년 8월

직장생활연구소 손성곤

* * *

출근하는 인간

"왜 우리 회사를 선택했습니까?"

자기소개서의 이 질문에 당신이 썼던 답을 기억하는가? 이미 팀에서 중간 정도의 위치에 있는 당신에게 이 오랜 질문은 무의미할 수도 있다. 그 대답은 당연히 기억 너머로 사라졌을 것이기 때문이다. 행여나 어렴풋이 기억난다고 해도 "그야 당연히 인사 담당자 눈에 띄기 위해 쓴 '소설'이잖아."라고 말할 것이다. 그렇다면 지금 새로운 답을 써 보는 것은 어떨까? "왜 나는 이 회사를 선택했는가?"

친구들과 술자리에서 털어 놓는 푸념이 아닌 진지한 인생 고민이라 여기고 답해 보자. 답을 찾다 보면 여러 기억들이 머리를 스치고 지나갈 것이다. 아무것도 모르던 신입사원 시절부터 이제는 후배를 가르치는 위치까지 오면서 겪은, 수많은 고생이 먼저 떠오를 것이다. 함께 일했던 동료들이나 당신을 성장시키고 또 힘들게 했던 상사의 얼굴도 생각날 것이다.

떠오르는 단상을 뒤로하고 냉정하게 질문에 대한 답을 찾아보자. 자기소개서를 쓰면서 머리를 쥐어뜯었던 것보다 딱 두 배만 더 고민해 보자. 만약 쉽게 답하지 못하겠다면 다음의 작은 힌트를 먼저 읽어 보기 바란다.

회사를 선택하는 기준

나비스코의 CEO를 역임하고 망해 가던 식품회사 캠벨을 살려 낸 더글러스 코넌트Douglas Conant는 이렇게 말했다.

"사람들이 직장에 나와 일하는 이유는 네 가지다. 돈을 벌어 '생계'를 해결하고, 직장 안에서 '인정'받고, 일하며 배우고 '성장'하기를 원한다. 또 가치 있는 일을 통해 '업적'을 남기고 싶어 하기 때문이다."

그렇다. 우리는 돈을 벌어 '생계 유지'를 해야 한다. 그렇기에 조건이 비슷하다면 돈을 더 많이 주는 회사를 선택한다. 이건 너무나 당연하다. 월급 주는 데에 문제가 있는 회사를 선택하는 사람은 드물다. 회사가 추구하는 가치가 자기와 너무 잘 맞는 경우를 제외하고는 거의 없을 것이다. 하지만 목구멍이 언제나 포도청이라면? 두 달만 월급이 밀려도 가치는 뒷전이 된다. 당장의 먹고사는 문제가 그만큼 중요하다.

회사가 지속 생존을 위해 수익을 내야 하듯이, 개인도 생존을 위해 돈을 벌어야 한다. 이렇듯 생계를 유지하기 위해 지금의 회사를 선택했을 것이다.

또 다른 기준은 '안정성'이다. 기왕이면 오래 다닐 수 있는 회사가 낫다. 요즘처럼 직장인으로서의 수명이 짧아지고 있는 시대에 안정성은 점점 더 중요해지고 있다. 그래서인지 공무원 시험에는 늘 응시자가 차고 넘친다. 월급이 적지만 정년까지 다닐 수 있고, 퇴직 후 연금이 나온다는 것은 요즘 같은 불확실성의 시대에 큰 장점이다. 2018년 국가 공무원 9급 공채만 해도 약 20만 명이 지원했고 경쟁률은 41대1을 기록했다.

일각에선 청년들이 도전하지 않고 안정적인 일에만 몰리는 것을 두고 우려의 목소리를 내기도 한다. 하지만 그들은 뒷짐 지고 말만 할 뿐이지 청년들의 미래를 책임져 주지도, 청년이 대면한 시대의 각박함은 바라보지도 않는다. 새로운 밥벌이를 고민하지 않아도 되는 안정성은 지금처럼 경제가 불안한 시대에는 더욱 중요한 기준이 된다.

'미래를 위한 준비'가 되는지도 회사를 선택하는 기준이 된다. 회사에서 전문성을 쌓아 퇴직 이후에 지속적으로 일을 할 수 있는지도 중요하다. 모두가 4차 산업을 말하는 시대에 곧 AI로 대체되어 사라질 가능성이 있는 업무를 선택하려는 사람은 적다. 일하며 익힌 경험과 지식이 의미를 잃게 된다면 누구도 그 일을 선택하지 않을 것이다.

회사가 비전이 없고 바보 같은 결정만 내려 퇴사하게 되었다는 사람들이 있다. 물론 회사가 쇠퇴하는 산업에 속한 경우도 있고, 잘못된 의사결정을 내릴 수도 있다. 하지만 대부분 퇴사의 진짜 이유는 그것이 아니다. 회사의 무능함 때문이 아닌, 회사의 비전과 방향성이 바로 나의 미래에 별로 도움이 되지 않기 때문이다. 그만큼 주어진 업무가 개인의 미래에 도움이 되는가도 회사 선택의 중요한 기준이 된다.

회사 선택의 기준에는 '타인의 시선'도 포함된다. 많은 사람들이 좋은 회사, 이름만 대면 아는 회사에 가고 싶어한다. 사실 우리가 온전히 자신만의 결정으로 중요한 선택을 내리는 경우는 별로 없었다. 대학교를 선택할 때에도 가능한 한 명문대에 가고 싶어 한다. 부모님으로 대표되는 주위 사람들이 좋다고 말하는 곳을 별다른 고민 없이 받아들인다.

이렇게 우리는 남들이 볼 때 부끄럽지 않은 대학과 회사를 선택해야 한다는 사회적 기준을 암묵적으로 받아들이고 산다. 남에게 설명하기 쉽고 누구나 아는 회사를 선택하려는 것은 어찌 보면 당연한 것이다.

왜 지금도 이 회사를 다니고 있는가?

다시 처음 질문인 "왜 나는 이 회사를 선택했는가?"로 돌아가 보자. 사실 이 질문은 사회에 첫발을 내디뎠던 과거의 나를 만나기 위한 것이다. 직장생활 10년 차에 접어든 당신, 왜 지금도 이 회사를 다니고 있는가?

이 질문은 예전의 선택을 왜 아직도 지속하고 있는지, 그 이유를 찾아 보게 한다. 갓 입사했을 때의 생각과 지금의 생각이 같아서는 안 된다. 모든 것은 계속 변한다. 10년이면 강산만 변하는 것이 아니라 아예 다른 세상이 열린다. 그동안 기술은 엄청나게 발전해 AI가 인간의 일자리를 위협한다고 떠들어 대고 있다. 과거에 잘나가던 회사들이 없어지고 새로운 회사가 생겨나 성장하고 있다. 당신도 어색했던 신입의 모습에서 벗어나 어엿한 조직의 중심이 되었다.

직장인으로서 회사에 몸담고 있지만 매일매일이 지겹고 소모되는 느낌이 든다면, 또 앞날이 답답하고 막연해서 방향을 잡지 못하고 있다면 이 물음에 대한 답을 꼭 찾아보자. 누군가는 퇴사를 종용하는 질문이라고 생각할 수도 있지만 그렇지 않다. 이는 '현재의 이유'를 묻는 근본적인 질문이다. 눈 뜨고 있는 시간의 절반을 보내고 스트레스의 대부분이 만들어지는 곳, 또 과거의 당신이 그토록 원했고 현재의 당신이 유지하고 있는 '현재의 이유'에 대한 질문이다.

곧바로 답을 써내려 가기는 힘들 것이다. 그렇다면 우선 빈 A4 용지에 질문을 적어 보고 그 종이를 항상 가지고 다니기 바란다. 그리고 불현듯 생각이 파편처럼 튀어 오를 때마다 종이와 펜을 꺼내 쭈욱 적어 보자. 아니면 스마트폰 메모장 상단에 질문을 고정해 놓고 폰을 볼 때마다 생각해 보자. 힘들게 야근하고 퇴근하는 늦은 시간 지하철 안이나, 피곤한 몸을 일으켜 아침에 샤워를 하는 순간에도 문득 답이 떠오를 수 있다. 작은 생각의 조각이라도 메모하여 모아 보자.

답을 찾는 데에 시간이 꽤 걸릴 수 있다. 하지만 딱 두 주만 치열하게 고민해 보자. 오로지 당신만이 이 질문에 답할 수 있다. 누가 대신 써 줄 수도 없다. 인사팀에 제출할 것도 아니고 팀장에게 보고할 것도 아니다. 남을 위한 것이 아니라 현재의 당신을 위해 묻고 답해야 한다. 답답하다고 검색해 볼 필요도 없다. 정답은 다른 이에게 있지 않고, 당신 안에 있기 때문이다.

"왜 살아야 하는지 아는 사람은 어떤 어려움도 참고 견딘다."라는 니체의 말은 '삶의 의미'의 중요성을 말해 준다. 이 문장을 직장인을 위해 이렇게 바꾸고 싶다. "왜 이 회사를 다녀야 하는지 아는 사람은 어떤 어려움도 이겨 낸다." 이유가 명확하다면 버틸 힘이 생기기 때문이다. 그저 어제 끝내지 못한 일이 남아 있기에 오늘도 회사에 간다고 말하지는 말자. 의미를 잃어버린 하루하루의 직장생활은 당신의 미래를 만드는 데에 전혀 도움이 되지 않는다.

이렇게 답을 찾는 과정은 새로운 목표를 세우는 시작으로 이어진다. 취업준비생 시절 당신의 목표는 하나였을 것이다. 좋은 회사에 들어가는 것. 그럼 회사생활 10년 차인 당신이 새롭게 세워야 할 목표는 무엇일까? 행여나 '여기 아니면 갈 곳이 없기 때문'이라는 생각이 머릿속에 떠오를 수도 있다. 괜찮다. 좌절하지는 말자. 그 역시 10년 차 직장인의 머릿속에 떠오를 만한 당연한 의식의 흐름이다. 하지만 더 깊게 고민해 보자. 갈 곳이 이곳밖에 없어서라는 답은 스스로에게 너무 가혹하지 않은가.

이왕 이 책을 구입했다면 답을 찾는 노력을 포기하지 않았으면 좋겠다. 지금 당장 힘들면 책을 다 읽은 후에라도 반드시 찾아보기 바란다. 생각들을 글로 써 보고 그 정답을 손에 쥐고 있어야만 다음 단계로 넘어갈 수 있다. 답을 찾으면 또 다른 질문이 꼬리에 꼬리를 물고 떠오를 것이며, 막막한 미래에 감춰져 있던 작은 문들이 서서히 보이기 시작할 것이다. 그리고 그 문을 열 수 있는 열쇠가 이미 당신 손에 쥐어져 있다는 것을 깨닫게 될 것이다.

* * *

10년 안에 찾아올 수 있는 직장의 미래

4차 산업이 우리의 미래를 바꿀 것이라고 한다. 수많은 미디어들은 앞으로 사라지게 될 직업군에 대해 다양한 견해를 내놓는다. 그리고 기사는 점점 자극적이 된다. 사람들은 다가올 미래를 두려워한다. 그 두려움을 이용해 돈벌이를 하려는 사람까지 생겨난다. 이런 상황에서 직장인들은 우리의 일터에 다가올 미래에 대해 진지하게 생각해 볼 필요가 있다. 빠르면 10년 안에 직장에 닥칠 수 있는 변화에 대해서 말이다.

해고가 쉬워질 것이다

〈제리 맥과이어〉라는 영화가 있다. 영화를 모르더라도 주인공 톰 크루즈가 전화기에 대고 "Show me the money!"라고 소리 지르는 장면을 한 번쯤은 보았을 것이다. 혹시 그가 왜 그렇게 소리를 질렀는지 아는가? 스포츠 에이전트였던 그는 하루아침에 해고를 당했다. 그렇게 회사를 나오며 한 명의 운동선수라도 더 데려가기 위해 전화기를 붙잡고 소리를 질렀던 것이다. 결국 그는 직원 한 명과 금붕어 한 마리 그리고 "Show me the money!"를 외치고 붙잡은 풋볼선수 한 명을 고객으로 데리고 회사를 떠난다.

그가 회사에서 해고당한 이유는 하나다. 회사의 이익에 반하는 내용의 글을 써 전 임직원에게 돌렸기 때문이다. 더 많은 클라이언트를 통해 큰 수익을 내야 하는 회사의 면전에 '적은 클라이언트, 적은 이익'이어도 '더 인간적인 관계'가 필요하다고 이야기했다.

해고 통보는 점심시간에 동료직원을 통해 이루어졌다. 그는 회사가 자기를 왜 잘랐는지에 대해 묻지도 따지지도 않는다. 회사에 반대하는 글을 직원들에게 전달했다는 것이 해고사유가 된다는 것을 암묵적으로 받아들인 것이다.

통보를 받고 회사를 떠나기까지 반나절도 채 걸리지 않았다. 영화의 배경은 1990년대 중반으로, 미국은 당시부터 유연한 해고와 고용이 이루어지고 있었다. 현재 미국에는 '임의 고용At will employment'이라고 해서, 특별한 이유가 없어도 언제든지 사전 통지 없이 직원을 해고할 수 있는 계약관계도 있다.

머지않은 미래의 대한민국 회사들도 이와 크게 다르지 않을 것이다. 근로기준법 제23조에는 "사용자는 근로자를 정당한 이유 없이 해고하지 못한다."라고 명시되어 있다. 하지만 근로자의 비위행위로 근로계약상의 의무를 위반했을 경우에는 해고가 가능하다. 예를 들어 회삿돈을 횡령하면 회사에서 잘리는 것이다. 또한 '긴박한 회사 경영상의 필요가 있을 경우' 구조조정 등으로 해고가 가능하다.

일반적으로 구조조정은 정리해고와 유사한 표현으로 받아들여지고 있다. 하지만 미래에는 경영상의 문제가 없어도 정규직을 해고하는 것이 어렵지 않게 될 수도 있다. 영화 속 톰 크루즈와 같이 순식간에 해고 통보를 받고 회사를 떠나는 일을 쉽게 목격할지도 모른다.

2015년 9월, 노사정 위원회를 통해서 직원의 인사고과 혹은 근무태도를 문제 삼아 해고하는 방식인 일반해고의 내용이 발의되었다. 해당 지침은 입법되지 않고 고용노동부에 의해 2017년에 폐기되었다. 하지만 일반해고가 아니더라도 구조조정이라는 명목하에 사용자 측에서 강요하는 계약 파기 형태는 많다. 국내에도 입사한 지 일 년도 안 된 신입사원까지 구조조정 명단에 포함시킨 모 기업의 사례가 아직도 사람들의 머릿속에 남아 있다.

이렇게 '쉬운 해고'는 조금씩 다가오고 있다. 사실 회사가 법의 테두리 안에서 직원을 그만두게 만드는 방법은 다양하다. 가장 간편한 것은 감정을 건드리는 것이다.

굳이 예를 들자면 모멸감, 수치심을 주어서 인격적으로 무시해 버리는 것이다. 이제는 드라마에서도 심심찮게 볼 수 있는 책상 빼기, 복도나 화장실 앞자리 근무, 회의실 안에서의 면벽 근무 등은 이미 고전적인 방법이 되었다. 특별히 하는 일이 없는 TF팀을 만들어 발령내기, 아니면 아르바이트생에게도 시키지 않을 법한 의미 없는 반복작업을 지시하기도 한다.

사실 이러한 일은 발생해서는 안 되지만 심심찮게 벌어지고 있는 것이 현실이다. 이를 막기 위해 2019년 7월 '직장 내 괴롭힘 금지법'이라고 불리는 개정 근로기준법(제76조)도 시행되었다.

노동시장의 유연성이라는 말에는 '진입, 이동, 해고' 세 가지가 모두 포함되어 있다. 한 곳이 막혀 있으면 전체가 흐르지 못한다. 그러다 보니 기업이 세운 노동시장의 신규 진입 기준만 점점 올라가고 있다.

큰 관점에서 보면 시장은 이런 불균형을 줄이는 방향으로 변하게 될 것이다. 산업의 생성, 소멸의 주기가 짧아지고 있다. 기업은 빨리 시장에 진입해서 시도해 보고 확대 혹은 철수를 결정해야 한다. 이러한 상황에서 새로운 시도를 위한 인력의 신규채용, 재배치, 그리고 해체의 빈도는 더욱 잦아질 것이다. 모두가 안정성 높은 곳에서 일하고 싶겠지만, 회사에서 오랜 기간 안정적으로 일할 수 없는 것이 현실이지 않은가.

정규직이 줄어들 것이다

정규직과 비정규직의 가장 큰 차이는 '근무기간의 연속성'이다. 정규직은 근로기간의 종료시점이 정해져 있지 않고, 비정규직은 근로기간이 계약으로 명시되어 있다. 하지만 둘의 경계는 점차 사라질 것이다. 같은 일을 하지만 급여와 처우가 다른 비정규직 제도의 철폐 요구가 지속되는 동시에 정규직을 쉽게 해고할 수 있는 방법이 늘어날 수 있기 때문이다. 해고 요건이 완화되어 직업적 안정성이 지금보다 줄어들게 되면 '정규직'이라는 단어의 의미는 퇴색될 것이다.

결국 미래에는 '프리랜서' 혹은 '직무 계약직'의 근로 형태가 더 많아진다. 어떤 하나의 목적이 있는 프로젝트를 위해 능력과 요건을 갖춘 사람들이 모이고, 이들이 팀을 이루어 일하게 된다. 그리고 목표를 완수하면 해체하거나 또 다른 프로젝트를 수행하는 식의 조직이 많아질 것이다. 물론 회사에 적을 두고 일하는 사람도 있겠지만 그 수는 지금보다 현저히 줄어들 가능성이 높다.

지금은 일반적으로 이력서에 '회사명, 직급, 직책, 근무기간, 수행업무, 성과' 등에 대해 적는다. 하지만 앞으로는 '수행 프로젝트, 프로젝트 내 역할과 성과, 기여도'에 대한 수치를 중점적으로 적게 될 것이다.

능력 없는 관리자가 줄어들 것이다

인간이 자신의 의지로 선택할 수 없는 것이 두 가지 있다. 바로 '부모님'과 '직장상사'다. 직장인의 가장 큰 슬픔 중 하나는 능력도 배울 점도 없으며 직원들의 근로의욕까지 떨어뜨리는 상사 밑에서 일하는 것이다.

아직도 일이 잘 안 되면 아랫사람에게 책임을 전가하는 관리자들이 있다. 미래에는 성과에 대한 관리자의 책임이 더욱 커져 대충 일하며 고임금을 받아 가는 사람의 수는 줄어들 것이다. 그렇기 때문에 일반 사원보다 관리자나 임원이 더 가열차게 일해야만 하는 세상이 올 수 있다. 어쩌면 임원이야말로 가장 일찍 출근해서, 가장 오래 일하고, 가장 늦게 퇴근하게 될지도 모른다.

지금까지 임원들은 아랫사람으로부터 완성된 보고서를 받고 판단하는 경우가 많았다. 경제 성장기에는 그들의 지식과 경험을 바탕으로 의사결정을 내려야 하는 사업이 많았기 때문이다. 하지만 요즘은 빠르게 성장하는 신규 산업에 있어서 과거의 업무 경험이 크게 중요하지 않다. 누가 더 빠르게 트렌드를 캐치해 시장에 신속히 제품을 내놓느냐가 중요하다. 그래서 과거의 경험과 현재의 트렌드를 합쳐 인사이트를 뽑아내는 관리자가 필요하다. 자신이 직접 전략의 아웃라인을 그리고, 그 실행을 직접 관리하고, 결과에 대해 책임을 질 수 있어야 한다.

더 나아가 관리자와 임원직 자리 자체가 줄어들 수도 있다. 조직구조가 수직에서 수평으로 변하고 있기 때문이다. 또한 아무리 처세와 정치를 잘해도 성과가 낮으면 설 자리는 좁아지고 실적 위주의 평가를 통해 라인만 잡고 버티는 세상은 곧 끝날 것이다.

정기 퇴직 제도가 생길 것이다

대한민국의 대기업은 매년 신입사원을 뽑아 기수를 붙인다. 동기의식을 고취하고 회사에서 유용한 존재가 되도록 여러 입문교육도 시킨다.

미래에는 이런 정기 신입사원 공채는 줄어들고, 반대로 퇴직이 정기적으로 이루어질 수도 있다. 지금처럼 경영악화로 인한 일시적 구조조정뿐만 아니라 정기적인 퇴사가 일어날 수 있다는 것이다.

이를 테면 '○○기업 제12차 퇴사자 교육'처럼 일방적 해고가 아닌, 퇴사 희망자를 받아 교육시키고 일정한 혜택을 제공해 회사를 떠나는 기회를 주는 등 퇴직자를 위한 실질적인 교육 프로그램을 제공하는 회사들도 생겨날 수 있다.

* * *

현실은 맨눈으로 보아야 한다. 듣기 좋은 것만 듣고, 보기 좋은 것만 보며 살아가는 것은 현실을 외면하는 것과 같다. 아름답고 밝은 것도 현실이지만 그 이면의 그림자도 현실의 일부다.

살아갈 날은 길어지는데 직장생활은 점점 짧아지고 있고, 안정적인 직장은 줄어들고 있다. 이것이 명확한 현실이다. 이미 일어난 현실에 점을 찍고 이어 보면 앞으로의 추세를 어느 정도 예측할 수 있다. 나는 직장인들이 이런 상황을 인지하고 회사에 종속되지 않고 주체적으로 자신의 미래를 열어 나가기를 바란다.

한 회사에 인생을 바치는 시대는 이미 끝났다. 직장의 변화는 어쩌면 우리 옆에 이미 와 있거나 또 다른 모습으로 올 것이다. 그러니 반드시 회사에서 일하면서, 동시에 회사 이후 개인의 삶을 준비해야 한다.

나 회사
너~~~~~~무 오래
다닌 것 같아

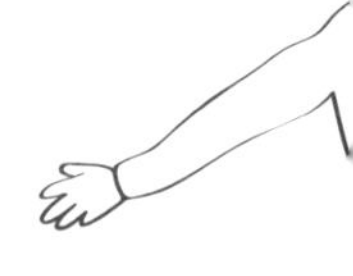

1. 버티고 나니 보이는 것들

2. 일 잘한다고 착각하게 만드는 회사일의 함정

3. 회사에서 회사 밖 커리어 쌓는 법

4. 회사에서 나로 살기

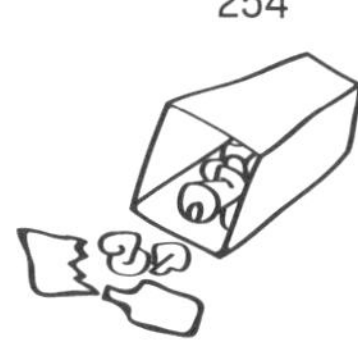

1 버티고 나니 보이는 것들

우리는 회사 안에서 수많은 감정의 소용돌이에 빠지곤 한다. 여기에 휘말려 스스로가 정신적 육체적으로 소모되도록 내버려 두어서는 안 된다. 부정적인 생각은 당신을 갉아먹어 사무실 좀비로 만들 것이다.

우리 조직
지금 이대로 괜찮은가?

"지금 업무 수준이 예전의 절반 정도밖에 안 되는 것 같아."

한 회사를 20년 가까이 다닌 선임차장의 말이다. 나는 어떤 이유로 그렇게 생각하는지 궁금했다. 직원들의 역량이 예전보다 못하기 때문일까? 아니면 예전에는 밥 먹듯이 했던 야근을 지금은 하지 않기 때문일까? 생각해 보면 요즘 직원들은 예전에 비해 더 뛰어난 스펙을 가지고 있다. IT 기기도 훨씬 능숙하게 다루고, 문서 작업 툴도 미리 배우고 들어온다.

그렇다면 도대체 왜 선임차장은 업무 수준이 점점 낮아진다고 보았을까?

조직의 역량이 떨어지는 이유

:: 직원을 혼란스럽게 만드는 잦은 관리자 변경

원하는 성과가 나오지 않으면 회사는 사람을 바꾼다. 그 대상은 보통 '팀장' 같은 중간관리자나 '본부장' 등의 임원급이다. 일정한 기간 내에 목표를 달성하지 못하면 사람이 바뀔 확률은 높아진다. 팀장급의 경우 거듭되는 실적부진에 보이지 않는 압박을 느끼고 스스로 회사를 떠나는 사례도 있다. 임원급은 더하다. 오죽하면 임원은 '임시 직원'의 약자라고 하지 않겠나.

이처럼 관리자는 자신이 어떻게 평가받는지에 대해 항상 촉을 세우며 일한다. 숫자를 달성하지 못한다면 스스로 떠나야 한다는 사실을 누구보다도 잘 알고 있다. 때문에 단기간에 성과를 내기 위해 조직원들이 이해하지 못하는 무리한 의사결정을 내리기도 한다. 물론 그 일을 해야만 하는 직원들이 느끼는 인지부조화는 스트레스 그 이상이 된다.

임원이 바뀐다는 것은 곧 '전략'과 '회사 안의 힘', 그리고 '업무 방식'이 바뀐다는 것과 동일한 말이다. 새롭게 추진하던 일이 좌초되거나, 일 못한다고 알려진 사람이 갑자기 업무의 주인공이 되기도 한다. 또 아무 문제없이 안정적으로 진행하던 일도 잘못된 것으로 취급받고 하루아침에 없어지기도 한다.

문제는 새로 온 관리자가 전체 상황을 충분히 고려하지 않고 단지 현재의 인력, 그리고 지금까지 일하던 방법 등을 모두 저성과의 원인으로 취급한다는 데에 있다. 이런 현상은 외부에서 새롭게 임원이 영입될 때 흔히 나타난다.

:: 직원의 퇴사로 생긴 업무 공백

관리자 교체로 워킹레벨 직원들의 업무가 반복적이고 의미 없는 '삽질' 업무로 이어지는 경우가 꽤 많다. 어떤 구덩이를 파야 할지 명확하지도 않고, 왜 파야 하는지 충분한 이해가 없는 채 삽질만 하다가 결국 삽자루가 부러져 버린다.

이런 상황이 지속되면 인내심뿐만 아니라 건강도 잃게 된다. 그래서 월급 대부분이 병원비나 약값으로 나가기도 한다. 이럴 때 직원들은 두 가지 반응을 보인다. '그냥 영혼은 집에 두고 시키는 대로만 하자.'라는 체념의 단계로 들어가든가 '이런 회사와는 이제 안녕이다!'라며 사직서를 제출하는 것이다.

퇴사 시에는 인수인계를 한다. 그렇지만 새로 온 사람이 짧은 시간 동안 현재 상황에 대해 명확히 파악하는 것은 불가능하다. 기존 직원이 100의 수준으로 일하고 인수인계를 한다 해도 그 역량은 절대로 100으로 연결되지 않는다. 아무리 훌륭한 인재여도 최대 60 정도의 수준으로만 인계받는다. 퇴사하는 마당에 열과 성을 다해 일을 알려주는 경우도 드물다. 인수인계서라도 제대로 작성하고 떠난다면 다행이다.

신규인력이 적응을 마치고 예전의 100 수준까지 올라가는 데에 오랜 시간이 걸린다. 더 큰 문제는 그마저 업무에 환멸을 느끼고 또 퇴사하는 경우다. 그럼 약 80 정도로 끌어올린 상황에서 다시 새 인력으로 교체된다. 또다시 새로 온 사람은 인수인계를 받고 60 정도의 역량으로 시작하게 된다.

이렇게라도 새로운 사람으로 채워진다면 차라리 다행이다. 사람을 뽑아 주지 않는 경우도 많다. 네 명이 하던 업무를 세 명이 하게 되어도 그냥 버티라고만 하다가 두 명으로 줄어들기도 한다. 결국 남아 있는 사람은 쌓인 일 때문에 스트레스를 받고, 야근으로 에너지를 모두 소진해 번아웃 지경에 이른다.

하지만 회사는 '거 봐, 처음부터 두 명이 할 수 있던 일을 네 명이 하고 있었던 거네.'라고 판단한다. 기존에 네 명이 하던 일을 업무 프로세스 개선 없이 두 명이 하게 되면 어떻게 될까? 당연히 업무 수준이 낮아지게 된다. 예전의 깊이로 일하는 것은 불가능하다. 일을 하는 것이 아니라 '가까스로 쳐 내며' 버티는 것이다.

:: 관리가 어려운 지나치게 세분화된 업무들

규모가 큰 회사에서는 업무의 역할과 책임Role & Responsibility이 명확하다. 업무 범위와 책임 소재를 나누어 구분하는 것이다. 마치 컨베이어 벨트 위의 기계를 조립하는 것과 같다. 내 앞의 사람이 그 일을 넘기지 않으면 나는 일을 못 하게 되고, 그렇게 지연되는 것에 대해 나에겐 책임이 없다. 결국 마감 기한이 임박해도 아무도 이야기하지 않는다.

이런 경우에는 관리자가 막혀 있는 곳의 문제를 찾아내 해결해 주어야 한다. 하지만 교체된 지 얼마 안 된 관리자라면 문제를 찾기가 쉽지 않을 것이다.

:: **갈 곳 잃은 주인 없는 업무들**

여러 사람이 수신인으로 참조된 이메일은 아무도 관심 두지 않는다. 내가 아닌 누군가가 할 것이라고 생각하기 때문이다. 일도 마찬가지다. 모두에게 책임이 있는 일은 아무도 하지 않는다. 너무 세분화된 업무도 문제지만 불명확한 프로세스와 두루뭉술한 책임 소재 또한 업무 수준을 떨어뜨린다. 너무 답답해서 의견을 개진하고 목소리를 내는 사람이 되레 일을 떠맡게 된다. 한 팀에서도 다수의 방관자와 소수의 땀 흘리는 자로 나뉘는 것도 바로 이 때문이다.

땀 흘리는 사람이 그 회사에서 오래 일할 가능성은 적다. 그의 주위에는 발 한쪽만 담근 채로 그가 만든 성과를 따 먹으려는 사람들로 넘쳐나기 때문이다. 일이 소수에게 몰리고 성과에 대한 확실한 보상도 없다면 그는 몸도 마음도 지쳐 버린다. 그리고 어느 정도 경험을 쌓았다고 판단하는 순간 미련 없이 회사를 떠날 것이다. 그렇게 회사를 떠나는 사람이 제대로 인수인계를 할 리도 없다.

조직의 역사는 반복된다

나는 이렇게 조직의 역사가 반복되는 것을 '시계추 이론Pendulum Theory'이라고 부른다. 괘종시계의 추가 포물선을 그리면서 왔다 갔다를 반복하듯이 회사의 역사가 2년을 주기로 반복된다는 것이다.

새로 온 임원이 과거에 실패한 일을 다시 꺼내 진행하려고 할 때

"예전에 했던 일입니다."라고 말하는 순간 부정적인 사람으로 찍히기 때문에 아무도 입을 열지 못한다. 그렇게 같은 업무가 반복된다. 임원의 통상적인 계약기간이 2년이고, 직원이 일을 파악하고 능숙하게 숙련되는 기간도 약 2년 정도이기 때문에 조직의 역사는 이렇게 2년 주기로 반복되는 것이 일반적이다.

보통 1년 반 정도가 지나면 임원들도 회사의 신싸 문제와 그 해결 방안을 깨닫게 된다. 하지만 이미 때는 늦어 그들에게 남은 시간은 별로 없다. '시계추 이론'처럼 부정적인 루틴이 반복된다면 업무력 하락은 피하기 힘들다. 이 문제는 단순히 팀 안에서 끝나지 않는다. 회사 전체가 이 반복의 틀에 갇히게 된다.

회사는 사라져도 개인은 살아남아야 한다

세계 500대 기업의 평균 수명이 40~50년인 데 반해 우리나라 기업은 나이로 치면 27세에 생을 마감한다. 대한상공회의소에 따르면 상장기업을 기준으로 해도 약 33년을 넘지 못한다고 한다. 기업의 수명이 인간 수명의 고작 3분의 1 수준에 지나지 않는 것이다. 운명 공동체로서 '회사'가 곧 '나'라는 생각을 가지고 일했던 시대는 이미 끝났다. 회사는 역사를 반복하며 늙어가고 결국엔 사라질 것이다. 그렇기에 회사보다 오래 살아야 하는 우리 개인의 생존이 더 중요하다.

일본의 고토 토시오 교수의 저서 《패밀리 비즈니스》에 따르면 200

년 이상 된 장수 기업은 58개국 7,212개사로 파악됐는데, 그중 일본 기업이 차지하는 비중은 45%에 이른다. 일본의 쿠보타 쇼우이치 호우세이대 교수는 일본 장수 기업의 특징으로 '변화에 빠르게 대응하는 능력'과 '고객, 종업원과의 신뢰'를 꼽았다.

한국 기업의 경우 두 가지 특징 중 종업원을 소중히 대하는 태도가 더 부족한 듯싶다. 종업원을 함께해야 할 대상이라고 여기기보다는 조직의 영속을 위한 하나의 필요요소라고 생각하는 경향이 크다. 기업가의 경영관리에서 비롯한 실수나 시장변화에 대한 잘못된 대응 또는 경영자의 개인적 비리로 발생한 문제를 대부분 '인력 조정'으로 해결하고자 한다. 당장의 이익과 실적이라는 발등 위의 불만 끄면서 살아가는 것이다. 불을 끄기 위해 종업원은 불 속으로 내던져진다. 기업에게 종업원이란 '상생'의 대상이 아니라, 때론 '살생'의 대상처럼 느껴진다.

* * *

정리하면 이렇다. 팀장, 임원 등의 관리자는 회사가 원하는 성과를 내지 못하면 곧 교체된다. 성과를 내려고 노력하는 동안 그 밑의 직원들은 잘못된 결정에 따른 과도한 삽질에 힘들어하다가 그만둔다. 그리고 새로운 직원이 들어오면 인수인계 시의 누수로 인해 역량은 다시 떨어진다.

어느 정도 적응해 일을 제대로 하려고 하면 지나치게 나뉘어 있는 업무로 체증현상이 발생하여 생산성이 또 떨어진다. 혹은 두루뭉술한 책임 소재 때문에 소수에게만 일이 집중된다. 그 소수의 사람들은 가중된 업무를 견디지 못하고 회사를 떠난다. 그리고 다시 새로운 관리자가 오고 무언가를 시도해 보려 한다. 물론 그 일은 2년 전에 누군가가 해 보았던 일이다. 하지만 사람들은 입을 다문다.

이렇게 괘종시계의 시계추처럼 회사의 상황은 2년 주기로 반복된다. 그리고 그 시계추는 아주 천천히 멈추어 간다. 곰곰이 생각해 보자. 나의 조직은 시계추처럼 흔들리면서 가라앉고 있지는 않은지, 또 나는 서서히 멈춰 가는 커다란 괘종시계의 부품은 아닌지 말이다.

회사는
누구의 것인가?

◇◇◇◇◇◇◇◇◇◇◇◇◇◇◇◇◇◇◇◇◇

신입사원 시절 점심을 먹고 회사 앞 벤치에 앉아 있다가 문득 궁금한 것이 생겼다. 그래서 옆에 있던 선배에게 물었다.

"선배님. 회사는 누구 건가요?"

"글쎄 잘 모르겠다. 아마 월급 주는 사람 것 같은데."

"그럼 우리 월급은 누가 주나요? 인사팀인가요?"

"어, 글쎄다……."

회사는 기본적으로 소유자, 즉 '오너Owner'의 것이다. 상장을 하지 않은 회사라면 더욱더 철저히 오너의 것이다. 그래서 흔히들 회사의 주인은 '사장'이라고 말하기도 한다. 그러나 사장이 회사의 주인이 아닌 경우가 더 많다. 어떤 사람은 '인사팀 사람들'이 회사의 주인인 것 같다고 한다. 하지만 이 또한 정답은 아니다.

다른 견해로 회사는 '주주'의 것일 수도 있다. 기업은 영리를 추구하며 주주의 이익을 극대화하는 집단이다. 그것이 주주 자본주의적인 견해다. 그래서 가장 많은 지분을 가지고 있는 주주가 회사의 주인으로 평가받기도 한다.

또 다른 관점은 '이해관계자 모두의 것'이라는 것이다. 주주뿐 아니라 일하는 직원, 경영자, 협력업체, 넓게는 고객까지 주인의 범주에 포함된다는 말이다.

사실 위의 견해들은 경영학원론 1장에 나오는 기본적인 이야기다. 기업은 이윤 취득을 목적으로 삼고 있다. 그리고 그 돈을 버는 행동의 주체가 바로 직원이다. 돈을 벌기 위해 기획을 하고, 상품을 만들고, 마케팅도 하고, 영업도 한다. 직원을 교육하고 투자를 하는 행동도 돈 버는 목표를 이루기 위한 방법 중 하나다.

가끔 직원에게 주인의식을 강요하는 회사들이 있다. 몇 년 전, 신입사원에게 주인의식을 함양시킨다는 이유로 가혹행위에 가까운 교육을 진행했던 기업이 뉴스에 나온 적도 있다. 이것은 교육이 아니라 주입이자 세뇌다. 또 직원들에게 필요 이상의 책임을 강요하는 행위다.

어느 직원이 회사의 주인이라는 생각으로 일하라는 말을 듣고 정말 내 회사라는 마음으로 늦은 시간까지 고민하며 열심히 일을 했다. 그런데 그 노력으로 나온 결과를 두고 "왜 너 맘대로 하냐?"라는 말을 들었다는 우스갯소리가 있다. 이것이 회사가 말하는 '주인의식'의 한계다. 이런 일이 벌어지는 이유는 간단하다. 주인처럼 일하는 것이 어떤 모습인지 명확히 이야기하지 않은 채 그저 주인의식만 강요한 것이다.

여전히 적잖은 회사들이 직원들에게 주인의식을 강요한다. 때로는 회사의 위기를 극복하기 위한 방편으로, 때로는 직원의 애사심과 충성심을 높이기 위한 수단으로 말이다. 하지만 회사는 직원에게 주인의식을 강요해서는 안 된다. 그 이유는 무엇일까?

주인의식, 말이 쉽지……

주인의식은 주입하거나 교육시켜서 생기는 것이 아니다. 주인의식은 내가 진짜 주인이거나, 주인 대접을 받았을 때만 생겨난다. '주인'이 되는 경험을 한 번이라도 해 본 사람만이 '주인의식'을 가질 수 있다. 주인의식을 가지려면 내가 조직의 한낱 부품이 아닌, 조직의 구성원이라고 느낀 경험이 있어야 한다. 주인으로서 대접받지 못하고 있는 상황에서 강요되는 주인의식은 그저 잔소리일 뿐이다.

주인의식을 말하려면 우선 주인처럼 열심히 일하는 사람들을 위한 제대로 된 보상 프로세스가 필요하다. 거기에는 올바른 목표와 가치 공유, 성과에 대한 정당한 피드백 등이 포함된다. 그렇지 않은 상태에서는 어떤 말로도 주인의식은 생겨나지 않는다. 주인의식은 단순한 이벤트나 교육을 통해서 어느 날 갑자기 불쑥 생겨나는 것이 아니다. 일하며 회사와 주고받는 상호작용을 통해 직원들의 의식에 '내가 주인이구나.'라는 생각이 켜켜이 쌓여서 만들어지는 것이다.

주인의식에 따르는 책임과 권한에 대한 범위가 사람마다 다른 것도 직원에게 주인의식을 강요할 수 없는 이유가 된다. 과연 직원은 어느 선까지 주인의식을 발휘할 수 있을까? 수직 구조의 회사에서 아래 직원이 상부에 보고 없이 주체적으로 업무를 진행하는 것은 불가능에 가깝다. 설령 주인의식이 넘쳐 컨펌 없이 추진했다가 문제가 생기면 "회사가 네 거냐? 왜 너 마음대로 하냐."라는 구박을 받을 게 뻔하다. 이런 상황을 익히 아는 직장인들에게 주인의식은 가당찮은 말이다.

게다가 주인의식을 발휘하면 조직에서 왕따가 될 수도 있다. 어느 호수에 오리들이 살고 있다. 흰 오리, 검은 오리, 회색 오리 그리고 얼룩덜룩한 놈도 있다. 이 호수의 주인이 오리들에게 '호수는 너희들의 것'이라고 말했다. 그 말을 들은 흰 오리는 주인의식을 가지고 호수를 가꾸기 위해 노력한다. 힘들더라도 밤 늦은 시간까지 물 위의 쓰레기들을 호수 밖으로 옮겨 놓았다.

하지만 흰 오리는 이내 주위의 시기와 질시를 받는다. "지가 뭔데 혼자 난리지?" "혼자만 잘난 척하네." "잘 보이려고 저러나?"라는 말도 듣는다. 다른 오리들의 시기를 받으며 혼자가 되어 버린다. 결국 흰 오리도 생각을 바꾸게 된다. "나도 그냥 남들처럼 저렇게 살아야지. 뭔 부귀영화를 누리겠다고 혼자서 이러고 있나?" 한탄하며 말이다.

젊고 패기 있는 신입사원들이 회사에 들어와 금세 실망하는 이유도 이와 비슷하다. 주인의식을 갖고 일을 해 봐야 다른 사람들이 그렇지 않은 상황이라면 혼자 독야청청하는 것이 얼마나 우매한 짓인가 입사한 지 얼마 지나지 않아 깨닫는다. 그리고 두 가지 중 하나를 선택한다. 다른 이들처럼 검게 변하거나 회사를 떠나는 것이다.

직원에게는 직원의식을

그렇다면 직원들은 어떠한 마음으로 일에 임해야 할까? 결론부터 말하자면 직원에겐 '직원의식'이 있어야 한다.

"당신은 회사와 계약으로 맺어진 관계입니다. 그렇기 때문에 계약서에 명시된 근무시간을 지키고 그 시간 동안 당신에게 주어진 목표를 위해 숫자로 된 성과를 내 주기 바랍니다. 회사는 당신과 서면으로 약속한 금액을 매달 지급할 것이며, 조직의 구성원인 당신에게 이러한 편의와 혜택을 제공해 주겠습니다."

회사는 이렇게 '직원의식'을 말하는 것이 맞다. 아울러 직원들이 올바르게 일을 하도록 명확하게 수치화되고 납득할 수 있는 '목표'를 주어야 한다. 또 그 일을 할 수 있도록 '정보와 자원'을 제공해야 하고, 주체적으로 일할 수 있도록 적확하게 '권한 위임'을 해야 한다.

이런 직원의식을 위해 회사가 해 주어야 하는 일의 대부분은 중간관리자인 팀장을 통해 전파된다. 중간관리자인 팀장은 일반 직원에게는 곧 회사의 대변인이기 때문이다.

알바리즘의 위험성

이처럼 회사에서는 주인의식이 아니라 직원의식을 가지고 일하면 된다. 하지만 직원의식을 왜곡된 잣대로 잘못 이해하는 이들이 있다. 자신의 일을 아르바이트와 같은 수준으로 격하시키는 사람들이다. 업무 결과와는 상관없이 정해진 시간만큼만, 받은 월급만큼만, 정해진 업무까지만 일하겠다는 것이다.

나는 직장인의 이런 생각을 '알바리즘Albarism'이라고 부른다. 업무 시간과 시간당 페이를 정해 놓고 정해진 범위까지만 일하려는 것. 때로는 회사와 상사가 너무 싫어서 주어진 일 이상으로 절대 일하지 않겠다고 다짐하는 경우도 있다. 물론 이런 마음을 이해하지 못하는 것은 아니지만, 직장에서 성장하고 싶다면 경계해야 할 태도이다. 당신은 혹시 알바리즘에 빠져 있지 않은지 아래 세 가지 경우를 확인해 보자.

:: 정해진 시간만큼만 일한다는 것은 '밀도'의 문제다

밀도 있게 일한다는 것은 무슨 의미인가. 회사가 정시퇴근을 종용하는 것은 슬렁슬렁 일하다가 퇴근 시간이 되면 일이 다 끝나지 않은 채로 그냥 집에 가라는 말이 아니다. 우선 회사는 업무량과 소요 시간을 파악하여 정해진 시간 안에 끝낼 수 있을 정도의 업무를 부여해야 한다. 그리고 직원은 최대한 밀도를 높여서 그 시간 안에 자신이 맡은 업무를 끝내야 한다. 화장실도 가지 말고 일만 하라는 말이 아니다. 모아 보면 하루 두 시간이 넘도록 잡담을 하거나 자리에 앉아서는 핸드폰을 보며 시간을 죽이는 사람도 있다.

예전에 함께 일했던 한 영국인은 점심시간에 책상에서 샌드위치로 점심을 간단하게 때우고 계속 일하는 날이 많았다. 왜 그렇게 하냐는 물음에 그의 대답은 간단했다. 자기는 5시에 퇴근해서 가족과 함께 시간을 보낼 것이고, 또 목요일까지 이 업무를 마무리해서 보스에게 보고해야 하기 때문이라는 것이었다. 그 대답의 핵심은 정시퇴근과 책임완수를 위해 밀도 있게 일한다는 것이었다.

:: 받은 만큼만 일하는 것은 '가치'의 문제다

누구나 월급 받은 만큼만 일하고 싶다. 하지만 회사와 당신이 생각하는 '월급의 가치'에는 각각 차이가 있다. 만약 당신의 월급이 300만 원이라고 가정하자. 이 300만 원의 월급에 대해 당신이 생각하는 것과 회사가 생각하는 가치는 서로 다를 수 있다. 아니 절대로 같은 수준이 될 수 없다. 사장은 직원 월급이 적지 않다고 생각하고, 직원은 늘 월급이 부족하다고 느낀다. 사장은 월급날을 두려워하고, 직원들은 오매불망 월급날만 기다린다.

두 가지 경우를 함께 생각해 보자. 이번 달에 신상품 출시가 있어서 당신은 일을 밀도 높여 많이, 또 열심히 했다. 그렇다고 회사는 이번 달 월급으로 350만 원을 주지 않는다. 하지만 반대의 경우는 어떨까? 이번 달은 솔직히 업무량이 좀 적어서 스스로 생각하기에도 조금 느슨하게 일을 했다. 이 상황에서 "이번 달은 일을 좀 설렁설렁했으니

250만 원만 받겠다."라고 말하는 사람은 아무도 없다.

또 나는 내 월급 값을 충분히 하고 있다고 생각하는데 동료들이 보기에는 '월급 루팡'일 수도 있다. 이렇듯 월급의 가치는 절대로 타인의 기준과 같을 수 없다.

:: 주어진 업무만 하는 것은 '성장 가능성'의 문제다

주어진 만큼만 일하면 그 안에서 깊이가 생길 수는 있다. 처리하는 시간도 빨라질 수 있다. 하지만 회사일이 '생활의 달인'처럼 유사한 작업을 지속적으로 반복하는 것만은 아니다. 회사는 과장까지의 일만 하고 나머지는 내 일이 아니라고 말하는 사람을 팀장으로 승진시키지 않는다. 업무의 범위를 넓히려고 노력하며 조금씩 훈련하는 사람에게 기회가 돌아간다.

어차피 정해진 시간을 회사에 내어주고 돈을 받는 것이 직장인의 숙명이라면, 일의 영역을 조금씩 넓혀 회사 이후까지 활용할 수 있도록 확대하는 것도 개인을 위해 꼭 필요하다. 일하며 알게 되고 배우는 것들은 생각보다 많다.

* * *

당신은 회사의 주인이 아니다. 하지만 절대로 잊지 말아야 할 것은 회사에서 일을 하는 순간에도 당신 인생의 주인은 바로 당신이라는 것이다.

너무 당연한 이야기지만 우리는 자주 이 사실을 잊는다. 내가 회사의 주인은 아니지만 회사에서 보내는 시간은 나의 시간이다. 하루 중 가장 오랜 시간을 보내는 장소에서 나의 주인 됨을 포기해서는 안 된다. 그건 누군지도 모르는 남에게 인생의 절반 이상을 돈을 받고 넘겨주는 것과 같다.

긴 인생에서 가장 중요한 시기인 삼십 대 중반을, 직장인 10년 차로서 보내는 당신의 시간들. 회사가 월급을 준다고 해서 그 시간과 노력의 주인이 회사가 되게 해서는 안 된다. 그것의 주인은 당신이 되어야 한다. 나를 잃지 않고 올바른 직원의식을 갖는 것. 이것이 알바리즘을 경계하고 스스로 성장하며 일하는 길이다.

일 잘하는 사람은 이렇게 일한다

◇◇◇◇◇◇◇◇◇◇◇◇◇◇◇◇◇◇◇◇

초록색 검색창에 '일 잘하는 사람'이라고 쳐 보면 수많은 글들이 쏟아져 나온다. 그런 글들은 두 가지로 나눠진다. 하나는 무척이나 사실적이고 경험적인 것, 또 다른 하나는 이상적이어서 현실에서 일어나기 힘든 것들이다.

여기 지독히 현실적이고 냉소적인 글 하나가 있다.

> 회사생활, 능력, 자기개발 이런 거 다 필요 없다. 세 가지만 잘하면 된다. 먼저 '의전'이다. 이게 회사생활의 90%다. 윗사람 특히 나를 평가하는 사람이 있는 회의나 행사가 있다면 최고의 의전을 해야 한다. "너무 과한 거 아니야?"라는 말이 나오는 과잉의전을 해야 한다. 그래야만 '이 친구는 태도가 좋고 기본이 되었군.'이라는 평가를 듣게 된다.
>
> 두 번째는 '말빨'이다. 아는 것이 별로 없다 해도 적당한 선에

서 그럴듯해 보이게 말하면 된다. 때로는 남이 한 말을 자기 생각인 척해야 한다. 그러면 인재처럼 보일 수 있다.

세 번째는 '정치'이다. 아랫사람에게 좋은 사람이라는 평가를 받는 사람은 팀장 이상이 될 수 없다. 부하직원이 '저 놈 진짜 죽여 버리고 싶다.'라는 생각이 들 정도로 해야 임원까지 올라갈 수 있다. 일이 잘못되면 자기가 지시한 대로 했음에도 '왜 일을 그딴 식으로 하냐?'며 적반하장으로 화를 내서 말문을 막아 버리고 책임을 회피해야 한다.

예를 들어 보자. 사장이 임원 회의 시간에 "직원의 업무효율을 위해 의자를 다 없애고 서서 일하는 건 어떤가?"라고 말했다. 모든 사람이 무슨 소리냐며 의아해할 것이다. 하지만 당황하거나 그 어떤 반박도 하지 말고 자세 교정, 체력 증진 등의 장점을 열심히 어필해야 한다. 예상되는 문제가 있어도 말하지 않는다. 그럼 사장은 "자네 맘에 드는군. 한번 실행해 보게." 할 것이다.

그런 다음 직원 모두에게 의자 없이 일해야 하는 이유를 말빨로 알린 다음 의자를 싹 없애면 된다. 그리고 건강체조 같은 것을 하나 개발하고서 출근시간에 직원 모두가 억지로 웃으며 체조하는 모습을 사장에게 보여 준다. 만약 누군가가 서서 일하다 쓰러져서 문제가 생긴다면 인사팀은 직원들 건강을 안 챙긴다는 둥 하면서 뒤로 빠지면 된다. 이렇게 일해야만 대한민국에서는 일 잘하는 사람으로 평가받고 승진할 수 있다.

사실 이 글은 일 잘하는 사람의 특징이 아니라 '실력 없이 대충 일하며 오래 버티는 법'이다. 실제 일터에서 다양한 형태로 벌어지는 모습이기도 하다.

일 잘하는 사람의 머릿속

일 잘하는 사람의 특징을 딱 한 문장으로 말하자면, "일의 분명한 목적을 설정하고, 원하는 끝모습을 명확히 하고, 일을 구조화한 후 행동하여 성과를 만들고, 리뷰(피드백)를 통해 성장하는 사람"이다.

목적 - 끝모습 - 구조화 - 행동 - 리뷰

우선 일을 지시받았다면 그 일의 '목적'을 명확히 파악하고 시작해야 한다. 왜 해야 하는지 모른 채 시작해서는 안 된다. 10년 차 직장인이라면 더욱더 잘 알아야 한다. "이유는 개뿔, 그냥 시키니까 하는 거지."라고 한다면 해 줄 말이 없다. 이유를 알고 하는 일과 그냥 누군가 시키니까 하는 일은 사용하는 에너지 자체가 다르다.

한번쯤 들어봤을 법한 이야기를 하나 하겠다. 누군가 성당의 벽돌을 쌓는 일꾼에게 왜 이 일을 하느냐고 물었다. 첫 번째 사람은 "그냥 돈 벌려고 하는 겁니다."라고 했다. 두 번째 사람은 "보면 모르오? 건물을 짓고 있소."라고 했다. 마지막 사람은 "하나님을 모실 집을 짓고 있습니다."라고 대답했다. 당연히 이 세 명의 인부가 하는 일의 수준은 달라질 수밖에 없다. 일을 하는 목적이 다르기 때문이다.

회사에서의 모든 행동에는 반드시 명확한 목적이 있어야 한다. 3분기 지역본부별 매출 자료를 뽑으라는 지시를 받았다고 하자. 그럼「자료를 뽑아서 양식에 채워 넣고 취합하는 사람에게 보내는 것」자체가 일의 목적이 되어서는 안 된다. 일을 시키는 사람이 먼저 왜 그런 업무를 맡겼는지 이야기해 주는 것이 가장 바람직하지만, 그렇지 않다면 반드시 물어 확인을 하고 일을 시작해야 한다.「3분기 지역본부별 매출을 뽑아서 비교를 함으로써 금년 투자대비 효율을 확인하고, 내년 지역별 투자 금액을 효율적으로 배분하여, 12%의 매출 성장을 달성하기 위함」이라는 구체적인 목적을 알고 자료를 만들어야 한다. 그래야만 당신의 일이 의미가 달라진다.

목적을 명확하게 파악했다면 '끝모습' 즉, 최종 결과물을 시각화해야 한다. 명확한 목적을 가지고 시작한 일의 마지막이 어떤 모습일지 종이에 글이나 그림으로 적어 보면 좋다. 뚜렷한 이유를 가지고 시작했더라도 끝모습이 분명하지 않다면 의도와는 다른 결과물이 만들어지기 쉽다. 그림을 배울 때는 구도 잡기, 선 긋기 같은 기초부터 시작한다. 그 후에는 풍경, 사물, 인물을 보고 그대로 그리는 연습을 한다. 그릴 대상이 있다는 것은 최종 결과물이 명확하다는 말이다. 그래야만 다 그렸을 때 이것이 잘 된 것인지 아닌지를 알 수 있다.

최종 결과물이 명확하지 않은 것은 결과가 대충 나올 수도 있음을 용인하거나 일을 그르치겠다는 것과 같다. 그렇기 때문에 일의 끝모습을 가능한 한 시각화하고 시작해야 한다. 일을 시킬 때 끝모습을 명확히 말하지 못하는 관리자의 회사 밖 생존력이 제로에 수렴하는 것은 당연한 일이다.

가장 중요한 것은 바로 '일의 구조화'다. 일의 구조화Work Structuring는 어떤 자원을 가지고, 어떤 순서로, 언제까지 끝낼 것인지를 결정하는 것이다. 업무 능력이 좋은 사람에게서 볼 수 있는 가장 큰 특징이기도 하다. 마치 컴퓨터가 '진행 프로세스' '필요자원' '시간 배분'을 결정해서 체계화하는 것과 같다.

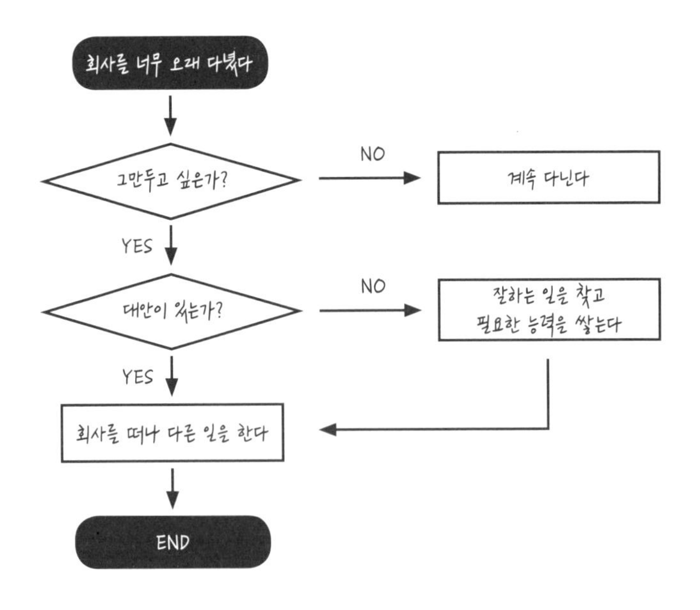

직장인의 고민

이런 순서도Flow Chart를 그려 본 기억이 있을 것이다. 상황을 해결하는 과정을 도형과 화살표를 사용해 흐름이 있는 하나의 표로 만드는 것이다. 일 잘하는 사람은 해야 하는 일, 필요한 자원, 타임라인을 순식간에 머릿속에 그릴 수 있다.

일 잘하는 사람 = 구조화를 잘하는 사람

구조화를 잘하기 위해서는 무엇이 필요할까? 먼저 이 일이 '누가' '어떤 목적'을 가지고 시킨 일인지 일의 목표를 알아야 한다. 그래야만 대상에 맞는 일의 수준을 결정할 수 있다. 전체 프레임의 크기를 가늠할 수 있다는 것이다. 의뢰자의 요청사항을 명확히 알고 설계도를 그릴 수 있는 능력은 건물을 쌓아 올리는 능력보다 더 중요하다.

또한 디테일도 알아야 한다. 설계하는 사람은 당연히 건축공법에 대해 잘 알아야 한다. 구현 불가능한 공정이 들어간다면 그 건물은 지을 수 없게 된다. 행여나 다 짓더라도 언젠가는 무너질 수 있다. 실무를 알고 있어야 제대로 된 설계를 할 수 있는 것이다. 실무를 모르는 상사가 머릿속으로 상상해 시키는 일은 실무자의 비웃음만 불러온다.

마지막으로 카테고리를 잘 나눌 수 있어야 한다. 이것은 일을 작은 단위로 나누고 다시 비슷한 것끼리 합치는 과정을 거치면서 가장 효율적인 단위로 일을 구분하는 것이다. 업무가 중복되지 않으며 동시에 전체를 커버할 수 있도록 나눈 후, 적합한 사람에게 역할과 책임을 분배하는 것이다. 즉 누가 실행을 하고, 누구에게 정보를 전달하고, 누가 책임을 지는지에 대해서 정할 수 있다. 이 일이 아무것도 아닌 것 같지만 실무자들은 별로 해 볼 기회가 없다. 카테고리를 나누고 조합하며 전체를 살피는 힘은 회사 밖에서 일을 할 때도 무척 중요한 능력이다.

누군가는 어떻게 일의 구조화를 순식간에 할 수 있느냐며 의구심을 가질 수 있다. 그렇다면 숙련된 요리사를 떠올려 보자. 그는 메뉴를 말하면 바로 완성된 요리의 모습, 그리고 필요한 재료를 머릿속에 떠올린다. 그리고 누구에게 어떤 일을 시켜서 어떤 순서로 요리 완성할 것인지 순식간에 결정한다.

회사에서도 한 가지 일을 능숙하게 3년 정도 한다면 그 경험은 충분히 체계화된 지식이 될 수 있다. 일하면서 예상치 못한 문제를 만나고 또 해결하는 과정을 거치면서 돌발변수에 대한 대응력도 높아진다. 물론 실수도 하고 잘못된 결정도 한다. 하지만 그럴 때마다 다시 업무의 뼈대와 순서를 정하는 일을 반복하다 보면 언젠간 빠른 구조화가 가능해진다.

예를 들어 보자. 팀장이 3분기 매출 현황리뷰와 4분기 매출 달성 방안에 대한 보고서를 작성하라고 했다. 목표는 아주 명확하다. 4분기 매출 달성 계획이다. 순서도는 이렇게 그릴 것이다. 우선 3분기 매출 현황을 분석하고, 4분기에 계획 중인 프로모션 플랜에 적는다. 하지만 '3분기에 전년비 마이너스였고 4분기도 날씨가 좋지 않을 것이기에 계획보다 일주일 빠른 프로모션을 해야겠다.'라고 떠올릴 것이다. 그리하여 최종적으로 '4분기 매출 예상 후, 미달성이 예상될 경우 어떤 액션플랜을 취해 달성을 하겠다.'라는 스토리 라인을 잡을 것이다.

그 후에는 필요한 자원이 무엇인지 파악한다. 올해 3분기의 매출 현황은 품목별, 지역별, 가격대별로 구분 자료가 필요하다. 매출 예상을 위해서는 전년 4분기의 품목별, 주차별 매출 트렌드 자료가 필요하다. 그리고 올해 4분기 날씨 예측 자료도 필요하다. 그러고 나서 인적 자원을 배분한다. 최 과장에게는 판매 자료를 뽑으라고 지시하고, 프로모션 플랜에 강화에 대해서는 기획팀의 진 차장과 협의하는 것으로 정한다.

타임라인으로는 오늘 오후 3시까지 최 과장에게 자료를 받고, 내일 오전 9시에 진 차장과 미팅하기로 결정한다. 유관 부서의 도움도 필요하기에 마케팅팀의 성 대리, 그리고 운영팀의 김 과장과 내일 오후 1시에 미팅을 잡는다. 그리고 모레 오전 11시까지 초안을 작성해 팀장에게 보고하고 피드백을 받아 수정 후 오후 3시까지 완료하는 것으로 짠다.

일의 순서는 매우 중요하다. 라면을 먹을 때 생라면을 씹어 먹고 끓는 물을 마신 후 스프를 입에 털어 넣진 않는다. 김장할 때 배추, 고춧가루, 소금, 물, 양념을 한번에 다 함께 버무리지 않는다. 구조화의 끝은 올바른 순서대로 올바른 일을 하는 것이다. 인력 배분과 시간 배분은 그만큼 중요하다.

이렇게 한다면 함께 일하는 동료에게도 체계적으로 일을 배분할 수 있고, 그 과정도 A4 용지에 쓱쓱 표를 그려가면서 명확하게 설명할 수 있을 것이다.

업무	3분기 매출 현황분석	4분기 계획 프로모션 리뷰	(4분기) 프로모션 강화 계획	(4분기) 매출달성 플랜 수립	
자원	3분기, 품목별, 지역별, 가격대별 매출자료	전년 4분기 품목별, 주차별, 매출자료	날씨 예상자료	보고서 완성 1차 보고	피드백 받아 수정 완료
인력	최 과장	기획팀 진 차장	마케팅팀 성 대리, 운영팀 김 과장	나	나
시간	오늘 오후 3시	내일 오전 9시	내일 오후 1시	모레 오전 11시	모레 오후 3시

목표: 4분기 매출 달성 방안 보고

일상에서도 알게 모르게 구조화를 한다

업무의 구조화가 다소 어렵게 느껴진다면 일상생활에서 쉬운 예를 하나 들어 보자. 휴가를 내고 유럽 여행을 간다고 했을 때, 어떤 구조와 순서로 생각을 정리하게 될까?

목표는 명확하다. '리프레시를 위한 해외여행'이다. 그렇다면 언제, 어디로, 누구와 갈지를 정해야 한다. 이 세 가지를 정하는 것이 기본적인 구조의 틀이다.

그다음은 한 단계 더 세부적인 내용인 비행편과 숙소를 정해야 한다.

– 해야 할 일

그리고 하루하루 어느 장소를 어떤 순서로 갈지, 또 그곳에 가기 위한 동선과 교통편을 알아본다. 필요한 자료는 어떤 앱이나 여행 사이트에서 얻을지, 혹은 어떤 여행사의 도움을 받을지도 결정한다.

– 필요한 자원

동시에 함께 가는 친구에게는 어떤 준비를 시킬 것인지 생각해 보고

– 인력 배분

각각의 준비를 언제까지 끝낼 것인지를 정한다.

– 타임라인

이렇듯 우리는 회사일이 아니더라도 평상시에도 구조적으로 생각한다. 여행 준비 과정에서도 「목표, 해야 할 일, 필요한 자원, 인력 배분, 타임라인」을 정하는 것으로 틀을 만든다. 다만 우리가 머릿속의 프로세스대로 행동한다는 것을 인지하지 못할 뿐이다.

정 과장은 거의 매일 허 차장에게 혼이 난다. 깜빡하고 건너뛰는 일

이 많고, 잘못 작성한 전표 때문에 비용이 중복 지급되기도 한다. 그에게 메일로 업무를 요청하면 제대로 완료하고 회신하는 경우는 드물다. 항상 마감 기한을 넘긴다.

그의 머릿속은 항상 뒤죽박죽이다. 마치 복잡한 실타래가 얽혀 있는 것 같다. 업무의 프로세스와 관련자, 그 안에서 자신이 해야 할 일이 제대로 정리되어 있지 않다. 무언가 물어 보면 대략적인 답은 한다. 하지만 조금만 구체적으로 파고들면 같은 말만 되풀이하며 핵심을 답하지는 못한다.

벌써 과장 2년 차인 그는 일을 제대로 배울 시기를 놓쳐 버렸다. 그의 상사인 허 차장은 그를 신입사원처럼 다시 가르칠 엄두가 나지 않는다. 아마도 정 과장은 더 이상 회사 안에서 성장하기 힘들 것이다. 일을 구조화하는 능력이 없다면 더 크고 새로운 일을 해야 하는 순간에 기본적인 일에서부터 헤매고 말 것이다.

마지막 단계로 '결과 리뷰'가 남아 있다. 가장 중요하지만 동시에 제일 간과하기 쉽다. 회사일 중 많은 부분을 차지하는 보고서가 특히 그렇다. 보고서는 보고가 끝나는 순간 그 생명이 끝난다는 말이 있다. 그저 윗사람에게 보고를 잘 끝내는 것을 목표로 하는 경우가 많기 때문이다.

회사에서 일을 했으면 결과가 나와야 하고, 그 결과는 반드시 리뷰를 해야 한다. 그래야만 나중에 비슷한 일을 다시 하게 될 때 지금보다 더 나은 결과를 만들 수 있다. 일 잘하는 사람은 반드시 일의 끝까지 간다. 처음에 그렸던 모습과 같은 결과가 나왔는지를 꼭 확인한다. 잘 안 되었다면 이유가 무엇인지, 다음에 제대로 하기 위해서는 어떻게 할 것인가를 고민한다. 그리고 리뷰 내용을 문서로 남겨 놓는다. 이런 과정까지 마쳐야 일을 통해서 성장할 수 있다.

* * *

정리해 보자. 일을 잘하는 사람은 일의 목적과 그에 따른 최종 결과물을 명확하게 그린 후에 시작한다. 그리고 무엇보다 '일의 구조화'를 잘한다. 일의 순서도를 세팅하고 자원, 사람, 시간을 구분하여 뼈대를 세운다. 일의 구조화는 회사 업무뿐 아니라 개인에게도 엄청나게 큰 도움이 된다. 일의 형태가 바뀌어도 조금씩 바꿔서 적용할 수 있기 때문이다.

회사에서 상사가 시킨 일을 완수하는 것은 일차적 목적이다. 거기서 더 나아가 그 일을 하는 당신이 더 성장할 수 있어야 한다. 남을 위한 일이 아니라, 월급 받으니까 그냥 해야 하는 일이 아니라, 스스로가 성장할 수 있는 일을 해야 한다. 그것이야말로 정말로 일 잘하는 것이다.

10년 차에게 필요한 진짜 능력

◇◇◇◇◇◇◇◇◇◇◇◇◇◇◇◇◇◇◇◇

목표를 명확히 한 후 필요에 맞게 구조화해 일한다면 인정받게 될 것이다. 사람들은 당신과 함께 일하고 싶어 할 것이고, 상사는 당신을 신뢰할 것이다. 그 결과로 승진을 할 것이고 더 높은 위치에서 더 깊은 수준의 일들을 맡게 될 것이다. 일에 능숙해지고 처리 속도도 빨라질 것이다. 하지만 이는 회사라는 범위 안에서만 의미 있는 일들이다.

그렇다면 회사 안에서뿐 아니라 회사 밖 개인의 미래에도 도움이 되는, 진짜로 일 잘하는 능력은 어떤 것일까?

회사 밖 생존력을 높여 주는 주체성

우리는 어릴 적부터 스스로 선택하는 능력을 키우지 못한 채 살아왔다. 중고등학교 때는 오로지 좋은 대학에 들어가는 목표 하나만을 위해 살았고, 대학에서는 좋은 회사에 취업하는 것에만 집중했다. 신입생 때부터 학점 관리는 물론이고 영어 성적 관리, 공모전 참여, 봉사활동 등을 하고, 졸업 즈음 되면 인턴까지 해야 한다. 왜 그렇게 해야 하는지 고민할 겨를도 없다. 그저 주위의 말을 비판 없이 좇으며 살아간다.

성인이 되어서도 마찬가지다. 좋은 사람 만나 빨리 결혼하고, 열심히 돈 모아서 집도 마련해야 한다. 사회적 시선들이 그래야 한다고 입을 모아 말한다. 이유는 말해 주지 않는다. 그렇게 살아야만 한다는 규격화된 인생길이 있는 것 같다. 마치 모두가 컨베이어 벨트 위에 놓여 있는 듯하다. '나는 이런 일을 하고 싶으니 이런 것을 배워야지.' '이런 가치를 좇으며 살아야지.'라는 생각을 하지 못한다. 이렇다 보니 서른 중반이 넘어서도 스스로 결정하거나 그에 따른 책임을 지는 것을 어려워한다.

사실 주체성을 갖는 건 어렵지 않다. 내가 원하는 것을 스스로 찾고 결정하고 행동하면 된다. 우리는 주체성을 지녔을 때 비로소 행복을 느낄 수 있다. 남이 시켜서 하는 일에서는 행복이 나올 수 없기 때문이다.

예를 들면 우리는 여행을 떠날 때 주체성으로부터 나오는 행복을 느낀다. 회사에서 매일 상사가 시키는 일, 이해하기 힘든 의미 없는 일만 하다가 휴가를 갈 때의 기분은 해방감 그 이상이다. 여행은 스스로 선택하여 경험하고, 그 결과를 책임지는 행동이기 때문이다. 여행지와 떠날 시기를 결정하고 늦은 밤까지 정보를 찾으며 준비한다. 누가 시키지도 않았는데 그 나라에 대해 공부까지 한다. 이렇듯 사람은 스스로 결정하고 행동하는 일에 희열을 느낀다.

우리는 아침에 입을 옷, 점심 메뉴, 저녁에 만날 사람, 사고 싶은 것 모두 스스로 결정한다. 하지만 회사만 도착하면 이미 만들어진 틀 안에서 타인의 지시에 따라야 한다. 이런 상황에서 어쩌다가 누군가 시킨 일이 없는 상황이 되면 사람들은 두 가지 모습을 보인다. 그냥 놀며 시간을 보내거나 평소에 바빠서 하지 못했던 중요한 일을 하는 경우다.

전자는 시키는 일을 하기 싫은 동시에 시키는 일이 없을 때 무엇을 할지에 대한 준비가 없는 유형이다. 반면 후자는 내 일의 전체를 알고 또 꼭 필요한 일도 알기 때문에 비는 시간에는 자신의 업무력을 올리는 데 도움이 되는 일을 한다. 팀장이나 임원이 워크숍 등으로 모두 자리에 없는 소위 '어린이날'에 일하는 모습을 보면 그가 어떤 부류에 속하는지 알 수 있다.

주체성은 후천적으로 기를 수 있다

우리는 스스로 결정한 것에 대해서는 놀라울 정도로 지지와 애정을 보인다. 이를 '자결성'이라고 하는데, 결과가 만족스럽지 못해도 '내가 선택한 것이니 이 정도면 훌륭하다.'라고 생각한다는 것이다. 이는 자기합리화가 될 수도 있지만, 내 행동에 대한 '셀프 격려'이기도 하다.

만약 내가 꼭 보고 싶었던 영화를 친구와 함께 보러 갔다고 하자. 하지만 영화는 지루하고 재미도 없었다. 실망한 친구는 "뭐야, 엄청 재미없잖아. 시간만 아까워."라고 말했다. 하지만 당신은 "작품성이 있고 메시지가 좋잖아."라고 할 수 있다.

이렇듯 자기 반성과 자기합리화는 종이 한 장 차이지만 스스로 선택하고 결정을 내렸다면 이를 바탕으로 다음 기회에 더 나은 결과를 만들어 낼 가능성이 조금은 높아진다.

이런 상황을 회사 안으로 옮겨 와 보자. 본부장이 말도 안 되는 자료를 만들라고 지시했다. 팀장은 무의미한 일이니 굳이 할 필요 없다고 말했다. 하지만 의견은 받아들여지지 않았고, 어쩔 수 없이 팀장은 그 일을 팀원에게 분배했다. 모두가 할 필요도 없고 큰 의미도 없는 일임을 알지만 상사가 시킨 것이기에 억지로 하는 상황이다. 과연 누가 그 일을 열심히 할까?

사람은 의미와 명분이 없다면 열심히 일하지 않는다. 그런 일에는 사람을 움직이는 에너지가 없기 때문이다. 부족한 시간과 엑셀 까대기에 지쳐 대충 한다. 일의 결과에서 인사이트가 나올 리도 없기에 자료 분석도 건성으로 하고 말 것이다. 월급을 받았으니 이 정도는 해 주어야겠다는 생각으로 기계적으로 할 뿐이다. 이렇게 일하는 것이 몸에 배어 버리면 회사 밖에서 생존할 확률은 현저히 떨어진다.

부디 상사에게 업무의 목적을 물어 확인하고, 나아가 그 일을 해야 하는 자신만의 이유도 찾아보길 바란다. 그렇게 하면 조금 더 나은 일의 방법을 찾을 수 있다. 주체적으로 일하고 싶다면 자유롭게 일할 기회가 주어지는 순간에 대한 연습이 필요하다. 상사의 지시가 와닿지 않는다면 다른 대안을 제안해 보고 설득해 보라. 내 일이 많아지게 될까 봐 의견을 내는 것을 무조건 피하지 않았으면 좋겠다. 회사 밖의 생존까지 염두에 두어야 하는 연차가 되었다면 말이다.

조금 힘들지만 내가 더 발전할 수 있는 일이라면, 회사 밖에서 하고 싶은 일과 조금이라도 연관이 있다면, 일 속으로 뛰어드는 것도 좋다. 그 경험은 나중에 당신만의 일을 할 때 엄청나게 큰 힘이 될 것이다.

기획자로 살아가기

어디서든 일 잘하는 사람이 되려면 어떤 직무에 있든 새로운 것을 생각해 내고 그 일을 실행하는 사람이 되어야 한다. 사실 기획자가 되는 것은 주체적으로 일하는 것에 필연적으로 따라오는 결과다. 기획의 전제는 일 전체를 조망하고, 이것이 돌아가는 원리와 과정을 파악하는 것이다. 그렇지 않은 기획은 그저 아이디어 단계에서 사장될 수 있다.

흔히 기획이라고 하면 행사기획이나 마케팅, 광고기획 혹은 판촉 제안이라고 생각하기 쉽다. 하지만 더 나아가 현재의 문제 해결, 더 쉽고 빠르게 일하는 방법 제안까지 모두 기획에 포함된다. 지금의 것과 다른, 더 나은 결과물을 만들어 내는 모든 활동이 넓은 범위의 기획이다.

기획의 기본 순서는 이렇다. 이 기획을 왜 해야 하는지 목적을 정하고(Why), 현재를 명확히 분석하고(Analyze), 무엇을 할 것인지를 정하고(What), 어떻게 할지 방법을 정리한다(How). 그리고 요즘은 어떤 방법으로 사람들과 접점을 만들어 전달할 것인지도 정해야 한다(Delivery). 마지막으로 이 모든 것을 구조화하고 실행하면 된다.

회사일뿐 아니라 개인 삶의 영역에서도 기획자가 될 수 있다. '책을 출간하기 위해 하루 한 시간 글 쓸 시간 만들기'라는 목표를 세워 기획안을 만들고 행동하는 것도 개인 영역에서의 기획이다. 나의 경우, 목적(Why)은 불필요한 일을 줄여 글 쓸 시간을 만들어 내는 것이었다. 분석(Analyze)을 위해 현재 하는 업무 스무 개를 적었다. 너무 많으면 배가 산으로 가기 때문에 스무 개로 한정했다.

그중에서 무의미한 일을 골라냈다(What). 그러고는 그 일을 없앨 수 있는 방법을 찾아보았다. 단순히 아예 하지 않거나 위임하거나 빈도를 줄여 보기로 했다. 그렇게 일을 줄이니 몰입도 잘 되고 피곤했던 몸도 한결 가벼워졌다. 퇴근 후 저녁을 먹고 나서는 스마트폰을 아예 서랍에 넣고 보지 않는 방법을 택했다. 금요일 늦은 밤, 예능 프로그램을 보지 않고 일찍 자고, 토요일 아침엔 평소 출근시간과 동일하게 일어나 글 쓸 시간을 확보했다(How).

기획은 우리가 죽는 순간까지 일상에서 늘 해야 하는 일이다. 회사에 있든, 회사를 나왔든 모든 것은 기획으로부터 시작한다. 또 새로운 비즈니스를 준비하든, 자영업으로 장사를 시작하든, 1인 기업가가 되든 스스로 일을 기획할 수 있어야 한다. 어떤 일로 먹고살 것인가를 고민하는 것도 인생을 기획하는 것과 같다.

그렇게 평생 해야 하는 중요한 일이라면 회사 안에서 기획자가 되어 일할 줄 알아야 한다. 성공 여부를 떠나서, 기획자가 되는 경험은 인생이라는 긴 여정에 큰 도움이 될 것이다.

당신을 구원할, 성공의 경험

"성공은 무슨 성공이야, 윗사람들이 내 공을 다 뺐어 가는데."라고 말하는 사람도 있을 것이다. 하지만 공을 가지고 상사와 싸울 필요는 없다. 회사에서 더 발전하려는 당신에게 필요한 것은 스스로 일을 기획하고 결과를 성공으로 만드는 경험 그 자체다. 당연히 해야 하는 루틴한 일이나 남이 시킨 일이 아닌, '스스로 필요를 느껴 한 일'에 대한 성공 경험 말이다.

요즘 거의 모든 자기계발서에서 이렇게 말한다. 작은 성공의 경험, 스몰 스텝, 작은 목표, 작은 습관……. 그 표현은 조금씩 다르지만 '작은 성공'을 강조한다. 작은 목표를 잡고 그것을 스스로 이루어 내는 경험이 반복될 때 자존감이 올라가고 더 큰 일을 해낼 용기가 생기기 때문이다. 또 너무 큰 목표는 며칠 해 보지도 않고 쉽게 포기하는 경우가 많기 때문이다.

하지만 여기서 중요한 것은 '작은'이 아닌 '성공'이다. '작은'은 사람들이 너무 빨리 포기하기 때문에 붙여진 것뿐이지 제일 중요한 것은 '성공'의 경험이다. 남이 평가해서 쾅 하고 찍어 주는 '참 잘했어요' 같은 도장이 아니라, 스스로 성취감을 느낀 성공의 경험 말이다.

한 번 성공한 사람이 계속 성공한다

성공의 경험이 중요한 이유는 한 번 성공을 맛보면 다른 성공을 이루어 낼 가능성이 높아지기 때문이다. 한 분야에서 놀라운 성공을 거둔 사람은 분야가 바뀌더라도 성공을 만들어 낼 가능성이 매우 높다. 일련의 과정을 겪으며 성공에 어떤 노력이 필요한지 깨닫기 때문이다. 목표에 이르는 기본적인 프로세스는 어느 분야든 크게 다르지 않다.

또 다른 이유는 마인드가 변화하기 때문이다. 성공이라는 문턱을 한 번 넘어 본 사람은 '나도 할 수 있구나. 내가 정말 하면 되는구나. 이것도 해냈으니 저것도 할 수 있을 거야.'라는 마음을 갖게 된다. 자신감이 생긴 것이다. 그런 자신감으로 다양한 시도를 할 수 있게 된다.

대한민국 사격 국가대표였던 이은철 선수가 있다. 그는 뛰어난 실력으로 1987년 14개의 한국 신기록을 만들어 냈다. 그는 1992년 바르셀로나 올림픽에서 금메달을 따고, 2000년 시드니 올림픽까지 총 5

회 연속 올림픽에 국가대표로 출전한 후 은퇴했다. 그 후 대학시절 전공을 살려 실리콘밸리의 모바일 소프트웨어 전문업체에 취업했다. 그리고 2009년에는 직접 통신중계기 회사를 세웠다. 2015년에 사업을 접었지만 다시 일어서 현재 트레저데이터라는 실리콘밸리에 본사를 둔 빅데이터 솔루션 업체의 한국지사장으로 일하고 있다.

운동선수에게 최고의 영광이라 불리는 올림픽 금메달리스트가 된 경험은 그에게 성공의 발판이 되어 주었다. 사격은 한 발을 쏘는 데에도 바람의 방향, 반동 흡수 정도까지 분석해야 하는 고도의 집중력이 필요한 경기다. 여기에 멘탈 관리까지 치열하게 했었던 그는 이 경험을 사업에도 적용하였던 것이다.

또 다른 사례로 대학농구 전성기 시절, 고려대학교 농구부를 이끌었던 최희암 감독이 있다. 그는 프로농구팀 전자랜드 감독 당시 8승 64패의 만년 꼴찌팀을 25승 27패의 팀으로 성장시켰다. 전자랜드 감독직을 그만둔 후에는 고려용접봉 중국 법인장으로 스카우트되었다. 현재는 귀국하여 이 회사의 공동대표로 일하고 있다.

그는 농구밖에 모르고 살았지만 감독으로서 사람을 다룰 줄 알았다. 그리고 팀으로 함께 일하며 성과를 내는 방법을 농구를 통해 체득했다. 그런 성공의 경험으로 영업조직을 재구성하고, 사람을 믿고 일을 맡겼으며, 실수해도 솔직하게 말할 수 있는 회사를 만들었다. 대학농구에서는 팀을 정상에 올리고, 프로팀에서는 꼴찌팀을 성장시키며 개개인과 팀 전체를 아우르는 법을 체득함으로써 다른 분야에서도 괄목할 만한 실적을 거둔 것이다.

한번 성공해 본 사람은 다른 분야에서도 성공할 확률이 높다. 당신이 누구이건, 어떤 일을 하건 회사 안에서 스스로의 노력으로 만들어 낸 성공의 경험은 너무나도 소중하다. 반복된 성공의 경험이 DNA처럼 몸에 체득되면, 회사를 떠나더라도 그 경험들을 적용하여 성공할 가능성이 높아지기 때문이다.

남이 시킨 일만 하느라 한 번도 성공이라 부를 만한 경험이 없던 사람이 회사를 떠난 후 바로 '뽕' 하고 성공을 거두는 경우는 별로 없다. 잠시 책을 덮고 생각해 보자. 지난 10년간의 회사생활 동안 성공이라고 부를 수 있는 만족스러운 경험이 있었는지.

* * *

직장인으로서 회사 명찰을 목에 걸고 있다면 회사가 원하는 일을 잘 수행해 내야 한다. 그것이 직장인의 존재 이유이자 회사가 당신과 계약을 맺은 이유다. 하지만 일을 잘하는 것이 단지 회사를 위한 것만은 아님을 잊어서는 안 된다. 한창 일해야 할 시기에 불평만 하며 대충 일하면 그 손해는 회사에만 국한되지 않는다. 장담하건대 배움과 성장이 멈춰 버린 당신의 손해가 더 크다. 당신을 위해서라도 일을 잘하는 것은 중요하다.

회사 안에서 먼지처럼 불면 날아갈 존재가 되고 싶지 않다면, 커다란 기계의 부품처럼 소모되고 싶지 않다면, 주체적인 기획자가 되어 성공을 거두는 경험이 필요하다. 일을 대하는 태도는 회사 밖에서의 당신에게 더 큰 힘이 된다. 바로 이것이 '그럼에도 불구한' 어떠한 상황에서도 직장인으로서 일을 잘해야만 하는 이유이다.

감정에 휘둘리지 않으려면

◇◇◇◇◇◇◇◇◇◇◇◇◇◇◇◇◇◇◇◇

사람은 감정의 동물이다. 기계가 아니기에 항상 논리적일 수 없다. 회사에서 일을 하다 보면 여러 가지 감정 변화를 겪는다. 쌓여 있는 일에 대한 짜증과 분노, 바보 같은 상사에 대한 답답함, 일을 마치고 나서의 기쁨과 행복, 시시때때로 찾아오는 커리어 고민, 남들과의 비교, 질투, 좌절처럼 그 종류는 너무 다양하다. 하루에도 수십 번씩 감정들이 소용돌이치며 변한다.

회사에서 분노조절장애가 생겼습니다

회사에서 제일 자주 느끼는 감정은 단연 '분노'다. 유독 열 받고 화딱지나는 일들이 회사에선 차고 넘친다. 10년 차 정도면 업무 수준이나 업무량에 대해 어느 정도 파악하고 있는 상태이기 때문에 더 분노하기 쉽다. 대부분은 위에서 잘못된 결정과 행동을 하고 있거나 부당한 대우를 받을 때 분노가 생긴다. '이렇게 일하면 분명 잘못될 것 같은데.'라고 생각하지만 결국 그 일을 해야 하는 상황이 발생하면 어김없이 분노가 시작된다. 상사로부터 당신이 옳다고 믿는 것과 반대의 것을 강요받을 때 화는 걷잡을 수 없이 치밀어 오른다.

분노는 시간이 지나면 '체념'으로 변한다. 어차피 말해 봐야 듣지도 않고 변하지도 않으니 내버려 두려는 감정이다. 체념은 스트레스로부터 자신을 지키는 행동이기도 하다. 흔히 '포기하면 편해.'라고 말하는 자포자기 상태와도 같다. '어느 회사나 다 똑같아.' '네가 그런다고 바뀌는 건 없어.' '월급은 똑같이 받는데 뭐하러 그렇게까지 하니? 버티는 게 장땡이야.'라는 주위의 말이 체념을 지지해 준다. 정치, 아첨, 성과 뺏기를 일삼는 비열한 사람들이 계급 사다리의 위로 올라가는 것을 보면서 체념은 더욱 강화된다.

체념은 '순응'으로 굳어지는 경우도 있다. 생각회로를 제거당하고 시키는 일만 하며 하루를 보내는 것이다. 문제는 분노와 체념 그리고 순응이 반복되는 굴레 안에 갇히는 것이다. 그 결과는 참담하다. 그저 버티며 오랜 기간 월급을 받는 것이 삶의 유일한 목표가 되고 마는 것이다.

체념 다음 단계는 '분리'다. 체념을 초월한 단계로, 회사 안의 나와 회사 밖의 나를 분리시키는 것이다. '회사에서는 그냥 마음과 머리를 비우고 시키는 대로만 하다가 여섯 시 땡 하면 집에 가야지.'라고 생각한다. 단순히 돈을 받고 원하는 일을 처리해 주는 곳으로만 회사를 한정시킨다. 몸은 회사에 있지만 가끔은 생각이 다른 곳에 있기도 한 상태다. 자신의 진짜 모습은 퇴근 후 혹은 주말에 마음껏 드러내며 즐기면 된다고 생각한다. 회사에서 힘들었던 순간을 보상받으려는 듯이 회사 밖에서의 삶을 즐기려고 한다.

그러나 분리는 생각보다 어렵다. 하루아침에 할 수 있는 게 아니다. 사람은 주변 환경과 사람에 지대한 영향을 받기에, 하루 중 가장 오랜 시간을 보내는 곳에서 의식을 완전히 분리한 채 있는 것은 인지부조화를 일으켜 스트레스가 될 수도 있다. 분리는 마치 성직자의 수행과도 같아서 최소 3년 이상의 꾸준하고 의식적인 노력이 필요하다.

물론 이런 감정들 사이사이에 간혹 '기쁨'이 찾아온다. 회사에서의 기쁨은 주로 일하며 무언가 배운다거나 주위에서 인정받을 때 느낀다. 쉽게 말하면 스스로 성장할 때와 타인으로부터 인정받을 때 기쁨을 느끼는 것이다.

신입사원 시절 새로운 것을 배우고 혼자 실행해 보면서 왠지 하루가 꽉 차 있는 듯한 느낌을 받은 날, 열심히 한 일이 성과가 좋아 칭찬을 들은 날, 힘들었지만 맡은 일을 제대로 끝낸 기분에 늦은 퇴근길 밤공기마저 상쾌했던 날. 이런 좋은 날이 누구에게나 한두 번은 있다. 직장인으로서의 진짜 기쁨은 이 같은 성취를 통한 성장에서 나온다.

하지만 긍정의 감정이 생기는 경우는 일 년에 몇 번이 채 되지 않는다. 오히려 부정적인 생각에 사로잡히는 경우가 더 많다. 대표적인 것이 '자괴감'이다. '내가 이러려고 이 회사에 들어왔나?' '이거 하려고 그토록 열심히 공부했나?' 하는 자괴감은 신입사원 시절 누구나 느껴봤을 것이다. 직급이 올라도 자괴감은 형태를 바꾸어 계속된다. 무의미한 삽질이라는 것을 알면서도 일주일 내내 야근하며 피곤에 절어 있는 얼굴을 보면 생각이 많아진다.

한편 직장생활 10년 차에게 가장 많이 드는 감정은 막연함에서 오는 '불안'이다. 회사가 내 미래를 담보해 줄 수 없다는 것을 잘 알기에 앞날을 위해 뭐라도 하지 않으면 안 된다는 불안이 엄습한다. 하지만 무엇을 해야 할지 몰라 시간만 하염없이 흘려보낸다.

현실이 답답하지만 새로운 변화를 도모하기보다 지금처럼 회사로 출근하고, 일이 주어지면 또 그것을 위해 미친 듯이 일한다.

부정의 감정에서 멀어지는 법

이 글을 읽은 당신은 공감했거나 언짢았거나 둘 중 하나일 것이다. 하지만 이보다 더 중요한 것은 '그다음'이다. 부정적인 감정으로부터 벗어나는 것에 집중해야 한다. 여기에는 두 가지 단계가 있는데 첫째 부정적인 감정을 인정하고, 둘째 행동을 통해 긍정적인 감정으로 변화시키는 것이다.

의식적으로 노력하지 않으면 우리는 감정에 무력하게 매몰되어 버린다. 일에만 파묻혀 있으면 일을 제대로 볼 수 없고 감각도 마비된다.

그렇기에 우선 잠시 하는 일을 멈추고 감정을 흘려보내는 시간이 필요하다. 가령 못된 상사가 상처 주는 말을 해도 '어? 상처를 주네, 저렇게 말하면 본인이 더 힘들 텐데.'라고 생각해 버려야 한다. 기분 나쁜 감정이 나에게 달라붙기 전에 우선 그 감정을 인정하고 지나가는 바람처럼 넘기는 것이다. 분노에 집착하면 화는 점점 더 커진다. 바람이 불어오는 것을 막을 수 없다면, 바람을 맞는 나의 태도를 바꿔야 한다.

그리고 바로 '탐색'을 시작해야 한다. 회사일 중에 개인의 역량으로 치환할 수 있는 일을 찾아보는 것이다. 나의 관심사와 회사일의 공통분모를 찾고, 그 영역을 넓히는 것이 제일 좋다. 하루 중 가장 많은 시간을 보내는 곳에서 돈을 받으며 하는 일과 나의 관심분야가 겹친다면 행복할 것이다. 그 공통분모는 아주 작을 수도 있다. 하지만 교집합을 찾아서 조금씩 키워 나가면 그 일은 당신을 살찌우고, 일하며 배우고 성장할 수 있는 기회가 될 것이다.

나는 회사 행사에서 사회를 보거나 사내강사로 누군가를 가르치는 일에 뛰어들었다. 내 성격과 잘 맞고 더 키워 나가고 싶었기 때문이다. 또 전략 보고서를 작성하는 일도 도맡았는데, 회사를 떠나서도 남에게 제안하고 설득하는 일은 필수라고 생각했기 때문이다. 일의 의미는 회사가 완성해 주는 것이 아니다. 내가 직접 나서서 일과 나 사이 의미 있는 교집합을 찾아야만 가능한 일이다. 스스로 쓸모를 발견해 내는 사람은 부정적인 감정에 흔들리지 않는다.

그리고 '변화를 위한 행동'을 해야 한다. 여기서의 행동이란, 말 그대로 몸을 움직이는 것이다. 회사일과 상관 없는, 당신이 할 수 있는 작은 일들을 아주 조금씩 성공해 보는 것이다. 예를 들면 하루에 영어문장 두 개 외우기, 점심 먹고 팔굽혀펴기 열 개 하기 같은 것이다. 아주 작은 목표를 만들고 그것을 매일 이루어 성공의 경험을 쌓는 것이다.

이렇게 몸을 움직이며 얻는 작은 성취가 평소 관심 있는 분야라면 더할 나위 없이 좋을 것이다. 부정적인 감정은 다른 감정으로 덮거나 없애기 힘들다. 몸을 움직여 다른 행동에 몰두해야만 멀어질 수 있다.

* * *

우리는 회사 안에서 수많은 감정의 소용돌이에 빠지곤 한다. 여기에 휘말려 스스로가 정신적 육체적으로 소모되도록 내버려 두어서는 안 된다. 부정적인 생각은 당신을 갉아먹어 사무실 좀비로 만들 것이다. 부정적인 생각이 떠오를 때마다 의식적으로 등뒤로 넘겨 버리고 눈을 돌려 성장을 경험할 수 있는 부분을 찾기 바란다.

비난과 불평에 쓰는 에너지를 지금의 자신을 더 나은 사람으로 만드는 데 쓴다면 회사생활이 지금보다 열 배는 나아질 것이다. 세상에서 가장 소중한 당신이 회사 때문에 어두운 감정의 늪에 빠져 있지 않기를 바란다.

◇◇

회사 안에서 먼지처럼 불면 날아갈 존재가 되고 싶지 않다면, 커다란 기계의 부품처럼 소모되고 싶지 않다면, 주체적인 기획자가 되어 성공을 거두는 경험이 필요하다. 일을 대하는 태도는 회사 밖에서의 당신에게 더 큰 힘이 된다. 바로 이것이 '그럼에도 불구한' 어떠한 상황에서도 직장인으로서 일을 잘해야만 하는 이유이다.

◇◇

일 잘한다고 착각하게 만드는 회사일의 함정

당신의 직장생활에는 빨간불이 켜진 것이다. 왜냐하면 그것은 당신에게 필요한 진짜 중요한 일, 개인의 역량을 쌓는 일이 무엇인지 지금껏 아예 몰랐다는 것이기 때문이다.

모든 일을 다 잘할 필요는 없다

◇◇◇◇◇◇◇◇◇◇◇◇◇◇◇◇◇◇◇◇◇

다음 표는 급한 일(Urgent)과 중요한 일(Important)이라는 두 가지 기준으로 업무를 구분한 것이다.

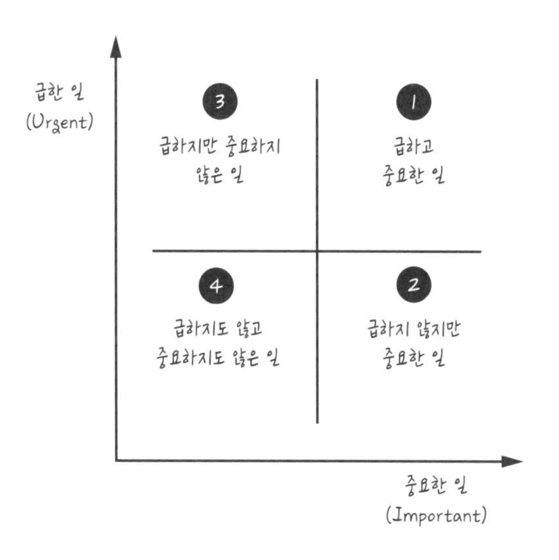

우선 가로축인 '중요도'를 보자. 중요도가 높은 오른쪽을 '일', 중요

도가 낮은 것을 '작업'이라고 부른다. 동시에 새로운 가치를 만드는 것을 '일'이라 부르고, 생각 없이도 가능한 반복적인 형태를 '작업'이라고 칭한다. '이건 아르바이트를 뽑아서 하는 게 나을 텐데…….'라는 생각이 든다면 그 업무는 작업일 가능성이 높다. 또 통상적으로 직급 높은 상사가 시킨 일이 중요도가 높고, 루틴하거나 눈에 잘 띄지 않는 일은 중요도가 낮은 경우가 많다. 세로축은 '급한 정도'이다. 마감 기한이 가까울수록 급한 일, 멀수록 급하지 않은 일로 분류한다.

그렇다면 일은 어떤 순서로 해야 할까?

급하지 않지만 중요한 일들

보통은 급하고 중요한 1번을 먼저 하고, 급하지도 중요하지도 않은 4번은 제일 뒤로 미룬다. 2번 3번은 솔직히 좀 헷갈릴 것이다. 대부분의 경우는 3번을 먼저 한다. 우선 급한 일이기 때문이다. 그리고 시간이 나면 2번을 한다. 2번은 결과가 당장 눈에 보이지 않고, 또 누군가 시킨 게 아니라 일을 하다가 필요를 느낀 개선사항 같은 것이기 때문이다.

2번 영역은 주로 업무 프로세스 개선, 효율적 일 처리를 위한 역할 재정립, 새로운 아이디어 도출, 기획 방향 설정, 꾸준한 시장 조사 같은 일이다. 또 업무 효율을 위한 엑셀 업무의 매크로화 혹은 자료 추출을 쉽게 하기 위한 시스템 세팅 등이 중요하지만 급하지 않은 일에 포함된다.

기본적으로 2번 영역은 시간이 오래 걸리고, 결과가 바로 나타나지 않는다. 하지만 더 나은 업무력을 갖추기 위해, 혹은 지금보다 한 단계 더 발전하기 위해 꼭 필요한 일이다. 즉, 작품을 완성하기 위한 밑그림 같은 것이다. 건축물로 치면 설계를 하고 뼈대를 세우는 일과 같다. 이를 하지 않으면 매일 발등에 불이 떨어지는 급한 일이 줄어들지 않는다. 그래서 중요하지 않지만 급한 일에 늘 시달리며 정신 없이 일해야 할지 모른다. 다른 영역들이 이미 발생한 문제를 해결하기 위한 것이라면, 2번 영역은 문제가 생기지 않도록 예방하거나 일이 잘 진행되도록 길을 닦는 것과 같다.

당신의 상사가 능력도 배울 점도 없어 답답하다면 그들을 잘 관찰해 보라. 아마도 2번 업무의 경험이 적다는 공통점을 찾을 수 있을 것이다. 또 당신의 후배가 얕은 지식이나 능력으로 안하무인의 태도를 보인다면 그에게 2번 영역의 일을 가르치지 않을 수도 있다. 시냇물처럼 깊이가 얕은 회사원을 만드는 것이다.

사실 2번과 3번의 차이를 먼저 깨닫고 일을 하는 경우는 드물다. 보통은 일을 마치고 한참의 시간이 흐른 후에 '그때 내가 했던 일이 2번에 해당하는구나.' '그때 내가 2번의 일을 했기 때문에 지금 이렇게 성장했구나.' 깨닫게 되는 것이 대부분이다.

잘할 필요 없는 일도 있다

사람들은 급하지 않고 중요하지도 않은 일은 피하거나 남에게 시키라고 말한다. 그럼 도대체 급하지도, 중요하지도 않은 일은 누가 할까? 임원급 이상은 이런 일은 비서의 도움을 받는다. 선임과장이라면 주임에게 시킬 수도 있다. 일반적으로는 신입사원이 처리하는 경우가 많다. 회사의 프로세스를 익히면서 일하는 방법을 배우도록 조금씩 트레이닝하는 차원이다. 당장 중요한 일을 맡기기에는 리스크가 있기 때문에 신입사원들은 통상적으로 4번 영역의 일부터 시작한다.

세상에는 중요하지도 않고 급하지도 않은 4번 영역의 일이 의외로 많다. 그렇다고 그 일을 안 할 수는 없다. 아무도 알아주지 않는 그런 작은 업무도 전체 일을 구성하는 하나의 요소이기 때문이다. 그리고 그런 잡무에 가까운 일들을 하지 않고서는 전문가가 될 수도, 업무에 탁월성을 갖기도 어렵다.

신입사원들이 입사한 지 일 년 안에 퇴사하는 이유 중 하나는 바로 이런 잡무에 치여서다. 마케팅팀에 들어가자마자 바로 좋은 아이디어를 내고, 선배들 앞에서 멋지게 프레젠테이션을 하고, 그 프로젝트를 진행하는 상상을 하는 경우가 많다. 하지만 막상 들어가 보면 뒤치다꺼리처럼 느껴지는 작은 파편 같은 일을 먼저 하게 된다. 갓 입사한 신입에게 중요한 일을 맡기는 경우는 극히 드물다. 그러다 보면 '내가 이따위 일을 하려고 회사에 들어왔나?' 하는 자괴감에 빠지고, 얼마 안 되어 회사를 그만두게 된다.

사실 그런 잡무를 견뎌 내는 사람만이 성공의 열매에 다가갈 자격을 얻게 된다. 이 말을 신입사원에게 하면 '꼰대' 같다고 하겠지만, 이 과정을 겪어 본 사람에게 해 주면 아이러니하게도 "그때 미리 좀 알려 주지 그랬어요."라고 한다.

만약 당신이 4번의 일을 하지 않을 수도 없고, 또 남에게 시킬 수도 없는 상황이라면 어떻게 해야 할까? 우선은 그 일을 해야 한다. 하지만 잘할 필요는 없다. 정말 잘할 필요가 없다고? 세상에 잘할 필요가 없는 일이 있나? 그렇다. 그 일은 잘할 필요 없다. 못하지만 않으면 된다. 왜냐하면 완수하고서 잘했다고 칭찬 들을 수 있는 일이 아니기 때문이다. 단, 실수를 하면 이런 간단한 것도 못하냐는 질책을 받을 수 있다. 그것이 4번 일의 숙명이다.

"야, 내가 너만 할 땐 복사 하나 하는 데에도 혼신의 힘을 다했어. 스테이플러 하나 박을 때도 팀장님 취향을 생각하면서 일자로 할지 사선으로 할지 고민했지." 행여나 이런 말을 듣는다면 그냥 웃으며 넘겨 버리기 바란다. 이건 1980년대 직장인 설화 속에서나 존재하는 얘기다. 4차 산업 시대가 코앞인 지금에는 아무 의미가 없다. 태도의 중요성을 쓸데없이 과장한 표현일 뿐이다. 이런 일에 신경 쓰는 대신 더 중요한 곳에 에너지를 쏟는 것이 맞다.

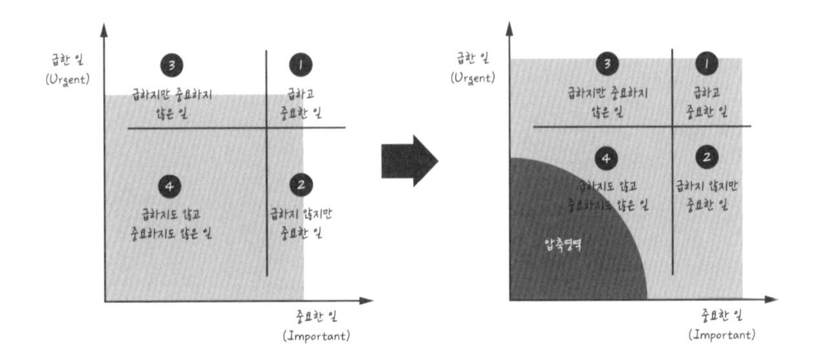

그렇기에 4번 일은 최대한 빨리 끝내 버려야 한다. 중요하지도 않고 급하지도 않은, 모두가 피하는 일이라면 최대한 압축해야 한다는 것이다. 가치를 만들어 내지 못하는 일에 투입하는 시간은 최대한 줄여야 한다. 엑셀 까대기를 해야 하는 일이라면 단축키를 익혀 빨리 일을 쳐내고, 반복적인 일이라면 매크로를 만들어 처리해야 한다. 생선장수의 손놀림을 생각하면 쉽다. 생선 머리를 칼로 탁 내려친 후 배를 갈라 내장을 빼고 흐르는 물에 씻은 후 소금을 '촥' 뿌리고 봉지에 담아 건네는, 능수능란한 모습처럼 최대한 시간을 압축해야 한다.

버릴 일 버리기

나는 지금 과장 한 명과 상품기획 업무를 하고 있다. 참고로 사 년 전에는 네 명이 함께였다. 그랬던 것이 세 명으로 줄어들었고 결국 두 명만 남게 되었다. 인력이 절반이 된 것이다. 두 명만 남게 된 지 일주일 후, 우리는 회의실을 예약하고 오후 시간을 통째로 비워 미니 워크숍을 했다. 이 사태를 수습하기 위해 제일 처음 한 일은, 지금 하고 있는 일을 모두 적는 것이었다. 그리고 중복되는 일을 지운 후 「기획, 운영, 경영계획, 숙제, 업체, 루틴」처럼 카테고리별로 업무를 묶었고, 불필요한 일을 지워 보기로 했다. 하지만 일해 오던 관성이 있어서인지 아무것도 지우지 못했다.

이번에는 일의 중요도를 기준으로 점수를 매겨 보았다. 기준은 '좋은 상품을 기획하고 생산해서 판매하는 데 중요한 일'이었다. 그리고 각 카테고리별로 최하점에 해당하는 일은 무조건 하지 않기로 했다. 일을 버리지 않으면 다른 중요한 일까지 못하는 상황이었기 때문이다. 그러고는 팀장을 설득했다.

그렇게 정리된 대로 한 달을 일해 보았는데 특별한 문제는 생기지 않았다. 처음에는 일을 빼 버리면 큰일이 날 것 같았는데 쓸데없는 걱정이었다. 최종적으로 우리는 중요도가 낮은 일을 완전히 없앴고, 목표를 이루는 데 꼭 필요한 일만 남겼다. 만약 중요하지 않은 일을 버리지 못했다면 둘 모두 피곤에 절어 매일 야근을 하고 아파서 쓰러지는 악순환에 빠졌을 것이다. "안 해도 되는 일을 효율적으로 하는 것만큼 쓸모 없는 것도 없다." 경영학의 아버지 피터 드러커Peter Drucker의 말이다.

일할 수 있는 시간은 한정되어 있다. 하지만 우리는 계속 새로운 일을 해야 하는 상황에 처한다. 그렇기에 주기적으로 일을 점검하고, 압축하거나 비워 내는 정리가 꼭 필요하다. 그리고 빈 자리에는 '목표달성에 필수 업무'와 '개인 성장에 도움이 되는 업무'로 채워 넣어야 한다. 일을 비워 내지 못한다면 절대로 새로운 일을 할 수 없고, 발전의 기회를 놓치게 된다.

* * *

결론은 두 가지다. 먼저 개인의 성장을 위해선 일하는 틀을 단단히 만드는, '급하지 않지만 중요한 일'에 집중하는 것이다. 그리고 중요하지도 않고 급하지도 않은 일을 압축하고 없애, 중요한 일을 할 수 있는 시간을 확보하는 것이다.

지금 맡고 있는 업무를 리스트로 만들어 카테고리를 나눈 후 중요도를 매겨 보자. 만약 이를 분류하기 어렵다면 당신의 직장생활에는 빨간불이 켜진 것이다. 왜냐하면 그것은 당신에게 필요한 진짜 중요한 일, 개인의 역량을 쌓는 일이 무엇인지 지금껏 아예 몰랐다는 것이기 때문이다.

농업적 근면성의 배신

◇◇◇◇◇◇◇◇◇◇◇◇◇◇◇◇◇◇◇◇

김 과장은 아는 것이 많다. 누가 무엇을 물으면 바로 대답할 수 있을 정도다. 그래서 임원의 질문에도 곧잘 대답한다. 회사 내에서 모르는 것이 없을 정도로 정보를 빨리 파악하고 잘 기억해 낸다. 주간 매출 보고가 있는 월요일 아침, 그는 6시 반이면 회사에 도착한다. 누구보다 먼저 시스템을 돌려 매출 정보를 빨리 알아내기 위해서다. 김 과장은 각종 수치를 남들보다 한발 앞서 알고 있다는 것에 큰 자부심을 느끼는 사람이다.

과거 농업사회나 경제가 급속도로 성장하던 소위 새마을운동 시절에는 근면성실이 최고의 덕목이었다. 새벽부터 일터로 나가 모내기를 해야 했고, 공장에서 기름칠을 해야만 했다. 몸을 움직여야 결과가 나오는 시대였기 때문이다.

김 과장처럼 새로운 정보를 먼저 아는 사람, 그리고 유독 이를 잘 기억하는 사람이 있다. 누군가는 이런 부류를 '일 잘하는 사람'이라고 부르기도 한다. 하지만 그는 일 잘하는 사람이라기보다 정보를 빨리 긁어 모으는 'Fast Scraper'일 뿐이다. 그가 모은 정보는 공공재에 불과하기 때문이다.

그 정보는 소수의 사람들만 아는 고급 투자 정보나, 하나님도 모르는 로또 당첨번호가 아니다. 프로그램을 켜고 버튼 몇 개 누른 후 조금만 기다리면 알게 되는 것들이다. 또 굳이 외우지 않더라도 출력물을 보고 바로 대답할 수 있는 내용이다. 남들보다 조금 더 먼저 알고 수치를 외우고 있다고 해서 일을 잘한다고 말할 수는 없다.

지식보다 중요한 지혜

앎은 「사실 → 데이터 → 정보 → 지식 → 지혜」의 순서로 완성된다. '사실Fact'이 가장 기초이자 근본이 되며, 이 사실을 모으면 '데이터Data'가 된다. 이 데이터를 기준에 맞게 구분하면 '정보Information'가 된다. 그다음 단계가 바로 '지식Knowledge'이다. 마지막으로 지식에 의미와 가치를 부여하면 자신만의 '지혜Wisdom', 즉 '통찰력Insight'이 된다.

사실에 기반한 데이터들이 모이고 가치와 의미가 더해져 지식으로 완성되는 것이다. 그리고 그 과정을 반복하며 긴 안목과 다양한 관점으로 갈고 닦으면 나만의 지혜가 된다.

농업혁명	산업혁명	정보혁명	지식혁명
공동화	표준화	시스템화	다양한 가치
권력, 파워	성실, 책임감	학력, 학벌, 스펙, 정보와 인맥	IT, 창의성 통합, 융합형

←

회사에서 만들어 지는 인재
높은 직급

→

회사가 원하는 인재
낮은 직급

※ 취업지도진로 전문가 교육(정철상 교수)

현대사회에서는 정보를 먼저 수집하는 것보다 그에 담긴 뜻과 의미를 제대로 파악하는 것이 중요하다. 나아가 서로 다른 정보를 조합하고, 거기서 가치 있는 의미를 뽑아내고, 그 통찰을 바탕으로 앞으로 무엇을 해야 할지 결정하는 능력이 더 중요하다. 같은 뉴스나 보고서를 보더라도 사람에 따라 그 정보는 휴지 조각이 될 수도 있고 보물이 될 수도 있다. 오늘 날씨가 영하 10도라는 걸 아는 것, 어제 매출이 얼마였다는 것을 아는 것, 누가 승진할 거라는 소문을 아는 것……. 이런 사실이 얼마나 큰 의미를 가지고 있을까?

사회 이슈도 마찬가지다. 가상화폐의 거품이 사라지고, 북미 정상회담이 열린다. 미국의 기준금리가 인하되고 한국의 최저임금이 올라간다. 이 사실은 모두가 안다. 앎이 여기에 그쳐서는 안 된다. 모두가 아는 사실을 쌓아 데이터를 만들고 그 안에서 지식을 뽑아내 지혜를 얻은 후 '그렇다면 지금 나는 무엇을 해야 하지?'를 고민하고 행동해야 한다. 그 사람이 진짜 식자이고 현인이다.

더 이상 성실이 무기가 아닌 시대

미국 월스트리트 저널이 2008년 선정한 '세계 경영 구루guru 20인' 가운데 1위에 꼽힌 경영혁신 컨설턴트인 게리 하멜Gary Hamel은 조직에 공헌하는 인간의 능력을 여섯 단계로 나누었다.

가장 아래 단계인 6단계는 맹목적인 순종obedience, 5단계는 근면diligence이었다. 이 단계의 직장인은 회사의 지시에 토 달지 않고 규칙을 잘 따르는 사람이다. 출퇴근 시간을 잘 지키고, 나름 열심히 노력하며, 업무 완수를 위해 필요에 따라 야근이나 주말근무도 불사한다.

4단계는 업무에 필요한 지식intellect이다. 학력이 좋고 외국어도 곧잘 하며 새로운 것을 배우는 데 문제가 없는 단계다. 3단계는 추진력initiative이다. 가만히 지시를 기다리는 것이 아니라, 현재 상황을 파악해 문제를 해결하고 기회를 찾으려 행동하는 것이다. 2단계는 창의성creativity이다. 새로운 아이디어를 끊임없이 찾고 기존 통념에 도전하며 여러 가지 가능성과 기회를 모색하는 것이다.

1단계는 바로 열정passion이다. 열정 있는 사람들은 자신의 일이 세상을 변화시키고, 다른 사람의 삶을 바꿀 수 있다고 믿는다. 사실 이런 사람을 회사라는 조직 안에서 만나기는 쉽지 않다. 회사에 있다면 CEO이거나 아니면 대부분 자기 조직을 만들어 사업을 하고 있을 가능성이 높다.

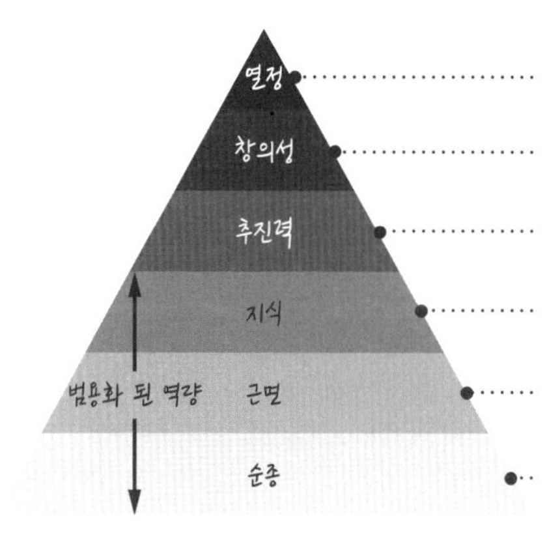

난관을 극복하고 목표를 이루게 하는 힘.
조직에 전파되고 조직원을 한 방향으로 모은다.

아이디어로 남들과 차별화한다.

도전정신으로 새로운 방법을 모색한다.
생각에만 머물지 않고 행동으로 옮긴다.

좋은 학력과 외국어 구사 능력을 가지고
신기술을 배우는 데 노력을 보인다.

회사에 일찍 나오고 늦게 퇴근한다.

회사의 방향과 규칙을 잘 따르고 지킨다.

※ 순종, 근면, 지식은 현대 경영에서 얼마든지 구할 수 있음. 노동력이 싼 저개발 국가에서 첨단제품을 제조하는 것이 대표적

순종, 근면, 지식은 대체 가능한 능력이다. 시키는 일을 잘 따르고, 근면하기만 한 사람은 효율이 더 좋은 노동력으로 언제라도 대체될 수 있다. 따라서 주어진 정보를 바탕으로 더 깊게 생각하여 의미 있는 인사이트를 생산하는 것이 중요하다. 그 인사이트를 바탕으로 아이디어를 내고 새로운 일을 만들어 낼 수 있어야 한다.

예를 들면 "지난 주 매출은 얼마이고, 이것은 지난주보다 ◯%, 작년보다 ◯% 신장한 것이다. 그중 베스트상품은 △△이다." 여기까지는 그저 데이터를 아는 것에 머문다. 반면 "지난 주 매출이 신장한 이유는 남부 지방의 갑작스런 폭염과 새로 바꾼 진열 집기 때문이었다. 신 집기에 진열 상품의 판매율이 평균대비 ◯%나 높기 때문이다."라는 결론까지 내린다면?

또 다음 주에는 기온이 3도 오를 것이라는 정보를 확인한 후, 남부 지방 매장의 점장에게 전화해 정성적인 고객의 반응을 체크한다. 그

리고 데이터를 보고 해당 상품의 발주량을 상향 조정하고, 폭염대비 프로모션 계획도 세운다면? 이것이 단순히 정보를 아는 것보다 훨씬 중요하다.

사실 이 능력이 없는 사람일수록 정보 수집에 더 집착한다. 끊임없이 안테나를 세우고 다른 업무보다 데이터 모으는 것을 우선시한다. 그리고 그 사실을 퍼트리며 "넌 이런 것도 몰랐냐? 그래서 회사생활 어떻게 하냐?" 하며 어깨에 힘을 준다. 이번에 누가 승진하고 누가 사장님 라인이라는 것을 알고 있는 것도 물론 중요하다. 이런 사실에 집착하는 사람은 그 사람과 친해지려는 노력만 한다. 이보다는 그 사람이 무엇을 잘해서 승진을 할 수 있었고, 어떤 이유로 사장님이 호감을 갖게 되었는지 알아내는 것이 더 중요하다. 그러고 나서 자기만의 능력을 개발하는 것이 정보를 올바르게 활용하는 것이다.

시키는 일을 잘하고 데이터를 빨리 모으는 사람이 열심히 일하는 것처럼 보이는 이유는 하나다. 그 조직이 여전히 '근면성'을 중요한 덕목으로 여기기 때문이다. 누구나 곧 알게 되는 사실을 먼저 아는 것, 그리고 그것을 아침 회의에서 가장 빨리 말하는 것은 능력이 아니다. 남들보다 조금 더 근면한 것일 뿐이다.

누군가는 "부지런한 게 잘못이냐? 왜 농업을 무시하냐?"라고 불편해할 수도 있다. 물론 근면성 자체가 나쁘다는 말은 절대 아니다. 근면함은 중요한 덕목이다. 오로지 근면성으로만 일을 잘한다고 판단하는 것이 문제라는 말이다.

산업혁명기까지만 해도 몸을 움직인 만큼 충분한 가치를 생산할 수 있었다. 시간이 곧 가치인 시대였기에 일찍 나와서 오랜 시간 일하는 것이 중요했다. 하지만 이제 곧 육체 노동의 가치가 낮아지거나 대체될 가능성이 매우 높지 않은가.

* * *

진짜 안다는 것은 정보를 기반으로 깊은 숙고와 경험을 더해서 나오는 논리적인 통찰을 말한다. 단지 먼저 아는 것을 자랑해서는 안 된다. 그 정도 아는 수준은 물 한 방울에도 뚫리는 종이와 같고, 해가 뜨면 사라질 살얼음과도 같다.

농업적 근면성은 필요요소일 뿐 충분요소는 아니다. 근면성은 부가가치나 추가 소득으로 이어지지 않는다. 결국 부가가치를 만들어 내지 못하면 더 저렴한 임금으로 같은 생산물을 만드는 사람 혹은 기계로 대체될 수 있다. Work Earlier, Work Longer보다는 창의적인 결과를 만들고 중요한 일에 집중하는 Work Smarter가 되어야 한다.

자위행위 중독자들

◇◇◇◇◇◇◇◇◇◇◇◇◇◇◇◇◇◇◇◇

우리는 자위행위를 한다. 여기서 말하는 자위행위란, 자신의 행동을 합리화하고 다가오는 두려움을 피하려는 모든 행동을 일컫는다. 때로는 양심에 반하고 변명거리를 만들어 내는 행동을 지칭하기도 한다. 회사에 이런 의미의 자위행위자들은 많다. 정신적으로 피폐해지는 것이 보이는데도 자위행위를 끊지 못하고 반복하는 사람들도 많다. 회사 내 '자위행위자'에는 어떤 유형이 있는지 알아보자.

업무량을 늘려 자위하는 사람들

직장인이라면 누구나 평가를 받는다. 그 평가는 회사가 부여한 수치화된 목표에 근거한다. 하루하루의 매출로 먹고사는 판매, 유통, 영업 직종의 직장인의 경우, 목표 달성에 대한 스트레스는 매우 크다. 게다가 아무리 노력해도 매출이 오르지 않는 순간이 있다. 일주일 내내

비가 내리는 장마철이 그렇고, 포근하기만 한 겨울시즌의 장사도 마찬가지다.

하지만 회사 경영진은 그런 외부 상황을 매출 부진의 원인으로 간주하지 않는다. 아니, 알긴 하지만 애써 외면한다. 그럼에도 목표를 달성할 방안을 제출하라고 한다. 어떤 짓을 해도 매출이 나오지 않는 상황에서도 말이다. 주어진 목표가 한 가지가 아니라 매출 달성, 마진 확보, 재고 감소처럼 여러 개가 주어진다면 더욱 막막하다. 매출을 올리기 위해서는 다른 무언가를 포기해야 하기 때문이다.

이렇듯 달성이 불가능한 목표 앞에서, 잠시의 회피책으로 '일의 양을 늘리는 자위행위'의 유혹에 빠진다. 목표를 달성하지 못했지만 나는 밤을 새워 가며 정말로 열심히 일했다, 라며 스스로 위안 삼으려는 것이다.

엄밀히 말하면 이것은 '쇼잉Showing'일 뿐이다. "사장님, 매출 달성을 도저히 할 수가 없어요. 정말 죄송해요. 하지만 저는 이렇게 밤을 새워 가며, 새벽별을 보면서 열심히 일하고 있어요. 주말에도 매장에 나가 쉬지 않고 일하고 있어요. 그러니 불쌍히 좀 봐 주세요."라는 메시지를 전달하는 것이다. 마치 금이 간 양동이에 손바닥만 한 바가지로 끊임없이 물을 퍼붓는 것과 같다. 이럴 땐 양동이의 깨진 틈을 메우거나 새로운 양동이를 구하는 것이 우선이다. 그것만이 양동이를 채울 수 있는 해결책이기 때문이다.

하지만 업무량을 늘리는 자위행위자들은 그저 더 빨리, 더 많이, 쉴

새 없이 물을 퍼붓기만 한다. 근본적인 원인을 해결하려는 행동은 하지 않는다. 만약 팀장급 이상이 이런 행동을 한다면 그의 자위행위 뒤편으로, 워킹레벨 직원들은 밤새 휴지를 들고 뛰어다녀 녹초가 되기 십상이다.

시킨 일만 하며 자위하는 사람들

팀 곳간은 텅 비어 거미줄이 쳐져 있고 팀원들은 배가 고파 퀭한 얼굴을 하고 있다. 게다가 밀려오는 일로 매일 야근하여 눈은 벌겋게 충혈돼 있다. 병원에 가서 링거를 맞고 누워 있다가 겨우 몸을 추스르고 다시 올라와 일을 한다. 상황이 이렇지만 팀장은 주인의 혓바닥만 바라본다. 주인이 하는 말, 시키는 것만 한다. 그러면서 "나는 정말 일을 잘 해내고 있어!"라며 자위한다. 곳간을 무엇으로 어떻게 채워야 할지에 대해서는 아무 계획이 없고, 팀원들의 상황 따위는 안중에도 없다. 오로지 나에게 일용할 양식을 내려 주는 '주인이 시킨 일'만 그대로 따를 뿐이다.

이런 사람들은 주인의 말을 정말 토씨 하나까지 그대로 따른다. 상사가 지나가다가 갑자기 떠올라서 이야기한 것뿐인데 그 말을 100% 그대로 따른다. 왜 그런 말을 했는지 이유는 중요하지 않다. 그렇게 말했다는 사실에만 집중한다. 팀원들이 현재 인력으로는 불가능한 일이라고 아무리 말해도 귀담아 듣지 않는다. 자신은 오로지 윗사람이 시키는 일을 해야 하기 때문이다. 팀원들은 지쳐 입 다물고 대충대충 일하고 만다. 말해 봐야 듣지 않는다는 걸 이미 잘 알고 있다.

이렇게 윗사람이 시킨 일만 그대로 하다가 문제가 생기면 어떻게 할까? 잘 되면 내 탓, 안 되면 팀원 역량이 부족해서라고 말하고 다닌다. 제 얼굴에 침 뱉는 행동임을 알지 못한다.

한 팀장이 있었다. 다른 팀과 같은 업무를 받더라도 그 팀 직원들은 항상 야근을 했다. 선임직원이 팀장에게 "이렇게 하면 업무량이 너무 많으니 다른 방법으로 접근하시죠."라고 아무리 말해도 듣지 않았다. 오로지 상사가 시킨 일을 그대로 하기 원했고, 나아가 일을 더 많이 한다는 것을 보여 주고 싶어했다.

오랜 야근에 지친 팀원들이 연달아 면담을 요청했다. 하지만 그는 팀원들에게 "야, 너만 힘드냐. 내가 더 힘들어. 내가 회의 들어가서 얼마나 까이고 나오는지 알아?" 하며 오히려 역정을 내기 일쑤였다. 그렇게 정확히 1년이 지난 후, 팀원 일곱 명은 차례차례 모두 팀을 떠났다. 타 팀으로 전배를 신청하거나 퇴사를 했고, 병을 얻어 휴직을 했다. 팀장이 윗사람이 시키는 일로만 지나치게 자위행위를 하니 부하직원들이 버텨내지 못한 것이다.

팀원이 모두 떠나자 팀워크에 구멍이 생겼고, 경력사원으로 땜질을 해 보았지만 오래가지는 못했다. 결국 인사팀에서도 팀장의 리더십에 문제가 있다고 판단했고, 그는 팀원으로 강등되었다.

정보의 양으로 자위하는 사람들

최 과장은 기획안을 만들고 팀장에게 중간보고를 했다. 그리고 중간보고 시 결정한 A안으로 열심히 최종 자료를 만들었다. 그런데 팀장이 보고 하루 전날 '내가 곰곰이 생각해 봤는데 말이야…….' 하면서 B안이 필요하다고 한다. 늦은 밤까지 열심히 B안을 만들었지만 팀장은 결국 C안, D안까지 모두 만들라고 지시했다.

의사결정 하나를 내리는 데 슈퍼컴퓨터를 돌리고, 국회도서관의 논문을 다 뒤져야 마음이 놓이는 사람들이 있다. 그들은 정보의 양으로 자위행위를 한다. 전문성이 부족한 사람에게 나타나는 전형적인 모습이다.

강 팀장은 경력이 20년이다. 업계에서 이 정도 경력이라면 통상적으로 3분이면 결정을 내릴 수 있는 문제가 있었다. 하지만 그에게는 3분짜리 사안이 아니었다. 점점 시간이 길어지더니 다른 이를 두 명 세 명 부르기 시작했고 결국 팀 전체 회의가 되고 말았다. 넉넉잡아 5분이라고 생각했던 결정은 어느덧 1시간을 넘겼다. 보고자는 자신을 믿지 못하고 여러 사람을 부르는 데 짜증을 냈다. 이 결정 이후에 해야 할 일이 산더미인데 1시간 넘게 이 작은 것 하나를 붙잡고 있는 것에 부아가 치밀어 오른다.

팀장은 결국 업계동향, 경쟁사 재조사, 다른 분야 트렌드 조사까지, 머리끝부터 발끝에 이르는 모든 자료를 요청한다. 결국 의사결정의 골든타임을 놓치고 말았다. 때를 놓친 결정은 아무리 훌륭해도 의미가 없다. 이렇게 사람을 믿지 못하고 정보의 양을 계속 늘려 보고서가 산을 이루고 나서야 '내 결정은 믿을 만해.' 하며 안심하는 사람들 때문에 직원들의 인내심은 바닥이 나고야 만다.

중요한 일 대신 쉬운 일만 처리하며 자위하는 사람들

매출을 매일 확인해야 하는 직종은 하루하루가 전쟁터다. 매장에서 쏟아지는 요청사항들, 신규매장 오픈, 매출 부진, 사장님 지시 등 해야 할 일이 너무 많다. 그런 상황에서 임원은 쇼핑 환경과 세일즈 트렌드 변화 등을 살펴보며 전체 프레임을 짜야 하고, 전략적으로 의사결정을 해야 한다.

하지만 CEO가 새로운 아이디어와 전략을 요구해도 외면하고 뒤로 미룬다. 그 일은 당장 결과가 나오지 않기 때문이다. 사소하지만 빨리 해야 하는 일, 또 손을 대면 바로 결과가 눈에 보이는 작은 일만 하려 한다. 직원에게 위임하고 보고를 받아도 될 것에 일일이 간섭한다. 타팀 사람도 직접 만나며, 마치 임원이 아니라 대리처럼 일한다. 눈앞의 쉬운 열매만 따먹으러 바쁘게 다닌다. 마치 5분 대기조처럼 일하며 안도한다. '오늘도 급한 일을 많이 처리했어. 이거 안 했으면 어쩔 뻔했어!'

스스로 오늘 하루를 알차게 보냈다고 생각하겠지만 이건 자기 위로일 뿐이다. 이런 임원 밑에 있는 직원은 그야말로 애간장이 탄다. 낭떠러지가 눈앞에 있는데 발끝만 바라보며 걷기 때문이다. 그렇게 앞에 떨어진 과자 부스러기만 주워 먹으며 걸으면, 곧 낭떠러지를 만나게 될 것이다. 떨어지는 순간에 후회해도 소용이 없다.

임원의 예를 들어 설명했지만 실무자도 이런 자위행위를 하기 쉽다. 사소하지만 급한 일만 하며 꼭 해야 하는 중요한 일을 외면하고서 '급한 일 때문에 어쩔 수 없었어.'라고 말하는 경우가 그렇다.

* * *

누구나 자위행위를 한다. 하지만 지나친 자위행위는 몸에 해롭다. 정신이 피폐해지고 몸도 망가진다. 게다가 회사 안 자위행위는 그 피해가 다른 사람에게까지 미친다. 자위행위자와 함께 일하는 사람은 멘탈이 파괴되는 지경에 이른다. 진짜 힘을 써야 하는 중요한 일에는 막상 집중하지 못하는 문제까지 생긴다.

가장 큰 문제는 자위행위자들이 자신의 행동이 자위행위라는 것을 인지하지 못한다는 것이다. 그 일들이 잠깐의 도피라는 것을 알지 못하고, 자기는 현재에 최선을 다하고 있다고 여기는 것이다. 회사에서의 자위행위에는 스스로를 냉정히 돌아보게 하는 '현자 타임' 따위는 없다.

지금 나는 어떻게 일하고 있는지 되돌아보자. 목표를 위해 움직이는지 아니면 무언가를 회피하기 위해 자위행위를 하고 있지는 않은지…….

평균은 안전지대가 아니다

◇◇◇◇◇◇◇◇◇◇◇◇◇◇◇◇◇◇◇◇

대한민국 남자들은 키에 민감하고 여자들은 몸무게에 신경을 쓴다. 그래서 연령대별 평균 키, 평균 몸무게를 보고 자신의 위치를 확인하곤 한다. 그리고 평균과 가까우면 안도하고, 차이가 나면 자극을 받거나 불안해하기도 한다. 이렇게 일상에서도 알게 모르게 평균을 의식하며 지낸다.

어쩌면 우리는 어릴 때부터 암묵적으로 획일성을 요구받아 왔을 것이다. 1980년대 월요일 아침, 국민학교 운동장 조회시간, 각 반별로 모여 키순으로 줄을 선다. 그리고 '앞으로 나란히'라는 구령에 맞춰 팔을 올리며 줄을 맞춘다. 줄에서 조금만 옆으로 머리를 내밀기만 하면 선생님이 호루라기를 불며 줄 안으로 들어가라고 했다.

전체의 조화를 위해 개인은 항상 한 조각의 픽셀 같은 취급을 받았다. 다양성, 개성, 다른 생각은 존중받지 못했다. '남들과 다르지 않아야 한다.' '중간만 해라.' '튀지 마라.'라며, 기준에서 조금만 벗어나도 '다르다'가 아닌 '틀리다'는 평가를 받았다.

대학에서도 크게 다르지 않다. 다 같이 약속이라도 한듯 취업을 위한 필수 스펙을 만들기 위해 시간을 보낸다. 토익 공부, 공모전 도전, 인턴 생활 등 비슷비슷한 경험을 한다. 그렇게 주위 흐름에 맞춰 청춘을 보낸 후 이십 대 중후반이 되어 회사에 들어온다.

그런데 회사에서 갑자기 창의성을 강요받게 된다. 회의시간 부장님의 "어디 신입사원의 참신한 아이디어 한 번 들어 볼까?"라는 말이 그 시작이다. 하지만 이에 부응하려는 노력은 잠시뿐이다. 회사에서는 평균에서 벗어나는 모난돌이 정을 맞는다는 것을 알게 되고, 또 회의시간에 입을 열면 그 열린 입안으로 일이 빨려 들어오는 신기한 경험을 하고서는 평균이 주는 안락함 속에 머물게 된다.

즉, 회사 내에서 나름대로 평균 기준을 정하고 그에 뒤처지지만 않으면 안심한다. 옆자리 김 과장보다는 내가 좀 나은 것 같고, 박 대리보다 영어는 좀 못하지만 인간관계는 내가 더 나으니 비슷하다고 생각한다. 동료들의 평균을 내 보고 그 이상이라고 생각하면 편안함을 느끼는 것이다.

평균 속에 숨은 진실

하지만 평균으로 위안을 얻는 것처럼 우매한 것도 없다. 결론부터 말하면 평균은 현상을 숫자로 정리한 결과일 뿐, 어느 집단의 대푯값이 될 수 없다. 모집단의 격차를 반영할 수 없기 때문이다. 그렇기에 평균값은 진정한 의미의 중간값이 될 수 없으므로 올바른 기준이 되지 못한다.

쉬운 예를 들어 보자. 백 명이 사는 마을이 있는데 그 마을의 월평균 소득은 약 200만 원이다. 당신이 100만 원을 번다고 하자. 그럼 당신은 '아, 나보다 잘 버는 사람들이 너무 많네.'라며 좌절할 것이다. 하지만 그 마을은 100만 원을 버는 오십 명과 300만 원을 버는 오십 명으로 이루어졌을 수도 있다. 평균인 200만 원을 버는 사람은 실제로 존재하지 않을지도 모른다.

2016년 국세청 자료에 의하면 우리나라 배우의 연평균 세전 수입은 약 4천 2백만 원으로 조사됐다. 이 금액만 보면 직장인 평균에 비해 조금 높거나 비슷한 수준이다. 하지만 통계를 자세히 보면 상황은 다르다. 배우 상위 1%는 연평균 20억 원을 넘게 벌어들인 반면, 나머지 대다수 배우는 월 소득 60만 원도 채 벌지 못했다고 한다. 상위 1%가 전체 수입의 47%를 벌어들인 것이다. 상위 10%의 연평균 수입은 약 3억 7천만 원이었다. 이들이 올린 수입은 전체의 약 87%를 차지했다. 반면 나머지 90%인 일만 사천여 명의 연평균 수입은 620만 원이었다. 매달 52만 원을 버는 수준이다. 상위 1%와 하위 90%의 연평균 수입 격차는 무려 324배에 달했다.

이는 배우로 수입을 신고한 인원인 일만 육천여 명의 평균을 낸 것이다.● 과연 이 숫자가 평균으로서의 의미가 있는 것일까?

보다시피 평균은 격차를 반영하지 못한다. 다시 백 명이 사는 마을로 돌아가 보자. 월평균 소득 200만 원은 한 달에 1억을 받는 한 명과 한 달에 약 100만 원을 받는 아흔아홉 명 월급의 평균이기도 하다. 격차가 더 벌어져도 평균은 그대로다. 평균은 결코 안전지대가 아니다.

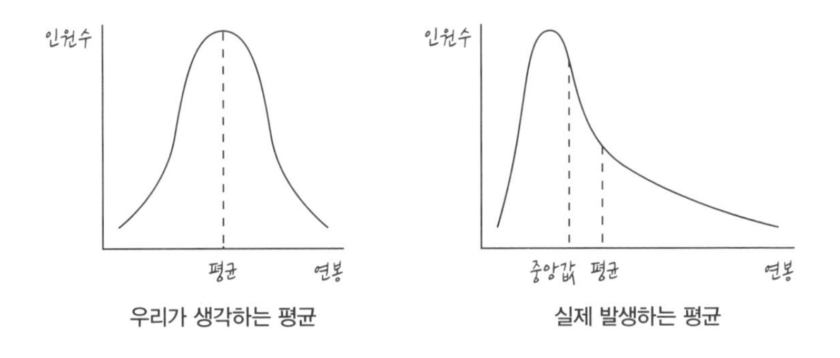

우리가 생각하는 평균 실제 발생하는 평균

일반인 아흔아홉 명과 원빈 한 명의 평균은 훈남 정도가 될 수도 있다. 2천만 원 연봉자 아흔 명과 2억 연봉자 열 명의 평균 연봉은 약

● 2016년 국세청이 기획재정위 소속 국회의원 박광온 의원실에 제출한 자료.

4천만 원 정도다. 이런 상황에서 '나는 연봉이 평균보다 높은 5천만 원이니 다행이군.'이라고 생각지 않기 바란다. 반대로 '나는 연봉이 평균에도 미치지 못하는 2천만 원밖에 안 되는 사람이구나.'라며 좌절할 필요도 없다.

연봉 같은 소득은 평균값이 아닌 중앙값으로 보는 것이 진짜 평균의 의미에 가깝다. '중위소득'이란 전체 소득 신고자를 소득순으로 줄 세웠을 때 정확히 중간에 있는 사람의 소득을 의미한다. 우리나라 연봉의 평균은 근로소득 상위 36% 구간의 소득수준이기 때문에 오히려 중위소득이 비교적 체감적 평균소득에 가깝다고 보는 것이 맞다.●

이러한 평균의 함정은 감각을 무디게 만든다. 평균에 나를 끼워 넣거나 타인과 끊임없이 비교하는 사고방식은 생각의 폭도 작아지게 한다. 다시 한번 말하지만 평균이 항상 '정상'이거나 '올바른' 것만은 아니다.

나는 예전에 유통회사 매장의 레이아웃과 집기 배치도를 작성하는 일을 했다. 당시에 상품 진열 가이드를 만들기 위해 백 개가 넘는 매장의 평균을 그려 내야 했다. 매장의 가로 세로 길이, 평수, 집기 수, 매출 등의 요소를 기준으로 삼았다. 그렇게 평균 매장을 그려 낸 후, 이것과 일치하는 매장을 찾으려 했다.

하지만 평균과 똑같은 매장은 어디에도 없었다. 내가 만든 평균은 존

● 국세청 '2016년 귀속년도 근로소득 백분위' 자료.

재하지 않는 이상향일 뿐이었다. 결국 평균 매장을 만들려는 노력은 존재하지 않는 가상의 매장을 만드는 것과 같았다. 며칠 동안 야근하며 만든 자료는 아무 쓸모가 없게 되었다. 그러고는 생각을 바꾸었다. 매장의 평균 모습이 필요한 근본적인 이유가 '표준 진열안'을 만들기 위함이었기에, 매출을 기준에서 빼고 매장 평수와 집기수 이렇게 두 개의 기준만을 선정했다. 이 기준으로 백 개의 매장을 네 가지 타입으로 나누었고, 각 타입별 표준 매장을 정했다. 그 후에 진열안을 만들어 보고했고 일을 마무리했다.

하버드 교육대학원에서 개개인학연구소를 운영하는 토드 로즈Todd Rose의 책《평균의 종말The End of Average》에도 이와 유사한 사례가 등장한다. 1940년대 말, 미 공군에서는 조종사의 평균 체형을 찾고 그에 맞는 전투기를 제작하려 했다. 공군 조종사 사천 명을 대상으로 키, 가슴 둘레, 다리 길이 등 열 가지 신체 기준을 가지고 평균을 냈는데, 조사하기 전까지만 해도 조종사를 뽑을 때 이미 일정 기준의 신체 조건을 가진 사람만 뽑았기 때문에 대부분 평균에 해당할 것이라고 생각했다.

하지만 평균치에 딱 들어맞는 조종사는 없었다. 평균은 낼 수 있지만 그 평균에 해당하는 조종사는 없었던 것이다. 결국 이 평균을 가지고 아무리 조종석을 잘 설계한다 하더라도 모두에게 맞지 않는 조종석이 될 뿐이었다. 그들이 내린 결론은 각자의 몸에 맞추어 변형 가능한 조종석을 만드는 것이었다. 그때 만들어진 것이 지금도 자동

차에 적용되고 있는, 위치와 높낮이를 조절할 수 있는 운전석이다. 토드 로즈는 "중요한 것은 평균적 규격이 아니라, 개개인의 다름에 맞출 수 있는 시스템."이라고 말한다.

가장 위험한 평균

평균만 하는 것, 중간만 가는 것이 얼마나 큰 편안함을 가져다주는지 우리는 잘 알고 있다. 심지어 '회사에서 나만큼 일하면 평균 이상은 될 거야. 내 실력이면 어디서 빠지지는 않지.'라고 생각할 수도 있다. 명심할 것은 우리 회사 평균이 업계 전체 관점에서 보면 평균 이하가 될 수 있다는 점이다. 당신의 동네에서는 장풍이 평균적인 무공이었더라도, 무림에는 장풍은 기본이요 분신술과 경공법에도 능한 사람이 많을 수 있다.

평균값이란 현실에 안주하게 만드는 늪이자 도피처이다. 평균은 또 다른 의미의 컴포트존, 즉 '편안한 장소'가 된다. 내 앞뒤로 사람들이 있기 때문에 평균을 안락하다고 느끼는 함정에 빠지게 된다. 이 컴포트존은 누가 만들어 준 것이 아닌 스스로 만든 가상의 공간이다.

물론 현재의 상황에 만족하는 삶이 나쁘거나 잘못된 것은 결코 아니다. 지금에 만족하며 평화롭고 행복한 삶을 살아도 좋다. 하지만 당신 스스로 세운 기준이 아닌, 사회적 평균 안에서 안분지족하려는 건 문제가 있다. 타인의 시선으로 만들어진 평균 속에서 느끼는 감정은 진짜가 아니다. 그건 행복도 불행도 아닌 희미한 회색지대의 삶이다.

* * *

'줄만 잘 서면 된다.' 혹은 '나서지 말고 중간만 하면 된다.'라는 말이 통용되는 시대는 저물고 있다. 평균을 좇으면 자신만의 필살기를 갖기 힘들다. 이 자리가 안전한데 굳이 무언가를 개선하고 갈고닦아 날카롭게 만들 필요를 느끼지 못한다. 그런 사람은 시간이 지나면 그나마 가지고 있던 능력마저도 점점 잃게 된다. 직장에서의 수명도 줄어들 것이다.

평균 안에서 편안함을 느끼는 당신은 평균처럼 살게 될 것이다. 사십 대 후반이면 직장을 잃을 것이고, 평균처럼 불안함에 떨며 사회로 내던져질 것이다. 그리고 평균처럼 노후 준비는 제대로 못했을 것이다. 그 이후의 삶은 굳이 이야기하지 않겠다.

잊지 마시라. 세상에서 성공했다는 평가를 받는 사람들은 모두 평균에서 벗어났었다는 것을.

제일 싫은 상사처럼 되는 법

◇◇◇◇◇◇◇◇◇◇◇◇◇◇◇◇◇◇◇◇

사람은 변한다. 긍정적인 사람을 만나면 밝아지고, 부정적인 사람을 만나면 나도 모르게 우울해진다. 직장인도 마찬가지다. 하루 중 가장 오랜 시간을 보내는 회사 안에서 우리는 변해 간다. 그 변화는 아주 조금씩 점진적으로 진행되기에 자각하기 어렵다. 오랜만에 옛 친구를 만나 "야, 너 좀 변했다."라는 말을 듣고서야 깨닫게 된다. 사실 우리는 자신을 냉정히 돌아볼 기회가 별로 없다. 스스로 나의 현재 상태를 확인하는 행동을 하지 않기 때문이다.

원하든 원치 않든 회사가 우리에게 미치는 영향은 결코 적지 않다. 오랜 시간 반복되는 업무, 상황 그리고 옆자리 사람들까지. 이렇게 회사에 고립된 사람이 조직과 닮아 가는 몇 가지 경우를 말해 보고자 한다. 당신에게도 이런 증상이 나타나고 있지 않은지 냉정히 생각해 보기 바란다.

이렇게 옆 사람을 닮아 간다

:: 전치Displacement

쉽게 말하면 종로에서 뺨 맞고 한강에다 화풀이하는 것이다. 주로 과장이나 팀장처럼 아랫사람이 있는 중간관리자에게 자주 나타난다. 임원에게 심하게 깨지고 욕먹고 나서 받은 그 분노를 팀원에게 그대로 옮긴다. 누군가 나에게 꽂은 칼을 뽑아 또 다른 사람을 찌르는 것이다. 내 몸에서 피가 흐르고 있지만 상처를 치유할 겨를 없이 그 아픔을 남에게 옮긴다.

분풀이성 갑질도 일부 해당된다. 매출 부진으로 상사로부터 욕을 먹고 그 스트레스를 을인 협력업체에게 풀어 버리는 경우가 그렇다. 이것이 때로는 상식을 벗어난 협박성 발언이나 욕설 등으로 나타나기도 한다.

:: 퇴행Regression

극심한 좌절에 부딪혔을 때 그동안 이룬 발달의 일부를 상실하고 현재보다 유치한 과거 수준으로 후퇴하는 것을 말한다. 일주일간 꼬박 야근해 완성한 보고서를 드디어 상사에게 건넸다. 상사는 대충 몇 장만 훑어보고 "이게 뭐냐? 이따위로 할래? 너 몇 년 차야? 이것밖에 못해?"라고 말한다. 순간 급작스러운 분노가 치솟고 나서 퇴행 현상이 시작될 수 있다. '그럼 그렇지. 열심히 하면 뭐해. 어차피 이런 취급만 받을 텐데.'라는 생각에 젖게 되는 것이다.

그 이후 다시 비슷한 일을 할 때 자신이 해낼 수 있는 것보다 더 낮은 수준으로 일을 처리하고 만다. '잘해 봤자 어차피 무시할 거니까 잘할 필요가 없지.'라며 노력하지 않는다. 더 나은 사람으로 발전할 수 있는 가능성을 버리고 스스로 후퇴하는 것이다.

이런 퇴행은 동생이 생긴 유치원생에게서 흔히 보인다. 부모님의 모든 관심과 보호가 갓 태어난 아기에게 집중되고, 자신에게는 예전보다 소홀해진다. 다시 부모님의 사랑을 받으려면 신생아처럼 울고 칭얼대야 한다고 생각한다. 그렇게 유아기로 돌아가는 것이다.

직장인에게 퇴행은 기대한 것보다 매우 낮은 평가를 받거나, 오해로 인해 형편없는 평판을 들었을 때 생긴다. 열심히 일해도 이 회사에서는 소용없다는 체념이 반복되어 더 이상 성과를 내거나 자신의 가치를 높이는 행동을 하지 않게 된다. 가장 안타깝고 무서운 변화이기도 하다. 훨씬 더 잘할 수 있고 발전할 수 있음에도 스스로 수준을 낮춰 버리기 때문이다.

:: 투사Projection

나의 욕구를 타인에게 그대로 적용하여 '내가 그러니까 남도 그럴 것이다.'라고 여기는 것이다. 물론 긍정적인 부분도 있다. 내가 대접받기 원하는 만큼 남을 대접한다면 말이다. 하지만 회사에서는 주로 부정적인 생각이 투사되는 경우가 많다. 내가 회의 때 남의 의견을 무시하는 말을 많이 한다면, 다른 사람이 나의 말에 의견을 더하기만 해도 '나를 무시하는구나.'라고 여기게 된다. 소위 뭐 눈에는 뭐만 보이는 것과 유사하다.

:: **동일시**Identification

주위 사람들의 태도나 행동을 닮아가는 것을 말한다. 어린아이는 자연스럽게 부모의 행동과 말투를 닮는다. 내가 좋아하는 사람을 롤 모델로 삼고 비슷해지려고 노력하는 것은 동일시의 긍정적인 모습이다. 회사에서는 상사의 스타일대로 보고서 양식이나 말하는 방식을 바꾸게 된다. '이렇게 보고하면 항상 그렇듯이 이걸 물어보겠지? 그럼 이것도 준비해야겠네.' 하며 상사의 입장을 생각하다 보면 자신도 모르게 닮아 간다.

문제는 내가 닮고 싶지 않은 사람을 닮아 가는 경우다. 너무 싫어서 '절대로 저렇게는 하지 말아야지.'라고 생각했던 사람을 자신도 모르는 사이에 닮아 갈 때가 있다. 나도 이런 경험을 한 적이 있다. 세 명의 팀장이 같은 회의를 들어갔다 왔는데 우리 팀장만 늘 다른 일을 시켰다. 이해력이 떨어져서 혼자만 다른 일을 지시한 것이다. 그 팀장 덕분에 일이 세 배로 늘어났다. 또 하지 않아도 되는 일로 야근을 하며 인내심의 삽자루가 수십 개는 부러져 나갔다.

이렇게 모든 사람이 싫어하고 일 못한다고 소문난 사람 옆에서 일하면서 놀란 점이 하나 있었다. 나도 모르게 그 팀장의 말투와 생각하는 방식을 닮아 가고 있던 것이다. 누군가가 "너 너네 팀장이랑 점점 비슷해지는 것 같다."라는 말을 해 주지 않았다면 지금쯤 그와 비슷한 사람이 되어 버렸을지도 모른다. 나도 모르게 싫어하는 대상을 닮아 간다는 사실에 소스라치게 놀랐다. 너무 싫지만 매일 가까이에서 보고 대화하며 영향을 받기 때문에 어쩔 수 없이 비슷해진 것이다.

이처럼 닮고 싶지 않는 사람을 닮아가는 것을 '적대적 동일시Hostile Identification'라고 한다. 적대적 동일시는 단지 가장 가까운 곳에서 오랜 시간을 함께 지내는 것만으로도 생겨날 수 있다.

갑질의 시작

동일시의 또 다른 극단적인 형태로 '병적 동일시Pathological Identification'가 있다. 쉽게 말해 국회의원 수행원이 자신이 국회의원인 것처럼 거들먹거리거나, 사장님의 각별한 총애를 받고 있는 직원이 마치 자신을 고위직 임원과 동일시하는 경우가 여기에 해당된다.

사회적으로 문제가 되고 있는 갑질도 어찌 보면 이 병적 동일시 현상에서 기인한다고 볼 수 있다. 회사의 업무 때문에 갖게 된 위치와 권리를 원래부터 자신이 가지고 있었던 무기인 양 남에게 서슴지 않고 휘두르는 것이다. 내가 곧 회사와 같다고 동일시하며 납품업체 등을 하대하고 무시하는 것도 그렇다. 심지어 자기보다 나이가 많고 업계에서 경력이 많은 분들에게도 안하무인으로 행동한다. 그러고는 '나는 회사를 위해 한 일이야. 어쩔 수 없어. 남들도 다 이 정도는 하니까.'라고 생각한다.

이렇게 회사가 만들어 준 지위를 자신의 당연한 힘으로 남용하는 사람이 때로는 조직 안에서 '열심히 일하는 사람' 혹은 '추진력 강한 사람'으로 평가받기도 한다. '남들도 이 정도는 하잖아. 김 팀장도 그렇게 팀장이 되었는데 뭘.'이라며 철면피 갑옷을 입고 '갑질의 전사'가 되어 버리기도 한다. 모 회사의 직원이 나이 많은 대리점 사장에게 욕설과 협박을 했던 것도 이런 이유일 것이다.

개인의 건전한 원칙

이러한 병적 동일시가 나타나는 이유는 '건전한 원칙'이 없기 때문이다. 그렇기에 때로는 양심을 넘어서 법적으로 문제되는 행동까지 서슴지 않는다. 잘못이라는 것을 알면서도 지속적으로 외부 자극을 받다 보면 용인할 수 있는 행동규범의 수준이 자신도 모르게 바뀌기도 한다.

자신이 옳다고 믿고 따르는 기준을 버리고, 회사에서 남이 부여해 준 기준만으로 사는 사람은 불쌍한 사람이다. 설령 회사가 암묵적으로 강요했더라도 사회적으로 문제가 될 수 있고 개인의 가치관과 상충된다면 하지 말아야 한다. 그것이 회사와 개인 모두에게 장기적으로도 올바른 행동이다. 자신만의 건전한 기준과 원칙 없이 회사의 기준으로 사는 사람은 회사를 떠나서는 살 수 없게 된다.

미국의 심리학자인 데이비드 니븐David Niven 교수는 《나는 왜 똑같은 생각만 할까?》에서 이렇게 말했다.

"문제가 우리의 생각을 오염시키는 방식은 다양하다. 하지만 기본 방정식은 단순하다. 문제가 우리의 존재를 규정하도록 한다면, 혹은 문제가 우리의 지침이 되도록 내버려 둔다면 문제는 우리가 할 수 없는 것들을 알려 줄 것이다."

이 말을 바꿔서 이렇게 말하고 싶다.

"회사가 당신의 생각을 오염시키는 방식은 다양하다. 회사가 당신의 존재를 규정하도록 내버려 둔다면, 혹은 회사가 당신의 원칙이 되도록 내버려 둔다면 회사는 당신이 회사일 이외에 다른 일을 할 수 없는 존재로 만들 것이다."

회사로부터 잘못된 자극을 지속적으로 받다 보면 자신도 모르게 변할 수 있다. 갑질의 전사가 될 수도 있고, 가장 싫어하는 사람을 닮게 될 수도 있다. 짐승 같은 상사를 만나면 너무 힘들 것이다. 하지만 더 큰 문제는 자칫하면 당신도 천천히 꼬리가 생기고 아무나 보고 으르렁거리고 짖어 대는 동물이 될 수도 있다는 점이다.

* * *

지금까지 언급한 여러 가지 증상은 회사에서 발생하는 각종 상황에 대한 정신적 방어기제다. 인지부조화로 인해 발생하는 스트레스를 줄이기 위한 자기방어 행동인 것이다. 문제는 '자신도 모르게' 변해 가는 것이다. 자신이 나쁜 방향으로 변하고 있다는 것을 깨달으면 천

만다행이다. 하지만 그 변화를 인지하지 못한 채 10년이 지나 버렸다면…….

어두운 땅속에서만 살면 세상을 볼 수 있는 능력이 사라진다. 오직 '회사 안에서' 살아남는 방법만 찾아다니는 눈먼 두더지가 되지 않길 바란다.

일 배울 때 놓치기 쉬운 것들

◇◇◇◇◇◇◇◇◇◇◇◇◇◇◇◇◇◇◇◇

직장생활 10년, 과장 2년 차. 일은 능숙해졌고 경험도 많이 쌓였다. 어느덧 팀의 중심이 되었다. 웬만한 문제들은 스스로 처리할 수 있고 동료들에게 배운 것을 알려 주는 위치가 되었다. 이 시점에서 당신이 일을 배워 왔던 과정을 돌아보며 그간의 배움의 단계들을 생각해 보자. 그리고 그 과정에서 당신이 인지하지 못했던 것들을 찾아내 보자.

배움의 단계들

:: 첫 번째 단계: 습득

신입사원이 일을 습득하는 단계는 아이가 말을 배우는 것과 비슷하다. '인풋Input'이 아주 많이 필요하다. 그 인풋은 사수와 팀원들이 하는 일, 하는 말, 그리고 주고받는 이메일과 보고서 등을 통해 이루어진다. 또 이 시기는 일과 사람에 대한 태도를 배우는 중요한 시간이다. 그러나 의외로 많은 사람들이 이 시기의 중요성을 간과한다. 누구나 겪는 너무 당연한 단계라고 생각하기 때문이다.

또한 일의 수준이 이 단계에서 멈춰 버리는 사람들이 있다. 이 시기에 제대로 배우지 못하면 얕은 수준에 머물게 된다. 그리고 오랜 시간이 지나고 나서야 이때 꼭 필요한 것을 배우지 못했다는 것을 후회하게 된다.

:: 두 번째 단계: 숙련

조금 더 효율적으로 배워 나가는 단계다. 습득 단계에서 열심히 인풋을 받았다면 그것을 바탕으로 직접 일을 하면서 '아웃풋Output'을 만들어 내는 시기다. 축구에서 드리블 기술을 배웠다고 해서 누구나 수비수를 제칠 수 있는 것은 아니다. 반복적인 연습이 필수다. 반복을 통해 업무 숙련도를 높이고 시간을 단축한다. 생활의 달인처럼 똑같은 일을 매일 반복하는 건 아니지만, 다양한 문제 해결 과정을 반복하며 점차 능숙해진다.

:: 세 번째 단계: 확장

사실 두 번째 단계까지는 '일을 한다'고 말하기보다는 '시키는 일을 한다'는 것이 맞다. 여기까지는 다른 사람으로도 충분히 대체 가능한 수준에 속한다. 일을 빠르고 능숙하게 하는 것은 일의 상위 단계가 아니다. 때로는 일이 익숙하고 편안하기 때문에 재미있어지는 순간도 있다. 하지만 이 편안함에 취하면 업무 능력은 절대로 늘지 않는다. 이런 익숙함은 덫에 가깝다.

숙련에서 한 단계 더 올라가려면 '이 방법 말고 다른 방법은 없을까?' 질문을 해 봐야 한다. 일을 새로운 각도로 바라보고 더 나은 방법을 찾는 노력을 해야 한다. 이때 질문의 방향은 이미 익숙한 자신의 일 안쪽이 아니라 바깥쪽이어야 한다. 더 큰 시선으로 일을 바라보고, 스스로 질문을 던져 가며 업무를 더 확장해야 한다.

이런 배움의 단계 곳곳에 함정이 있다. 보통 두 번째 단계까지는 그 함정이 깊지 않다. 하지만 일을 확장해 나가는 과정에서부터 그 함정이 조금씩 커진다. 때로는 구덩이에 걸려 넘어지고 한참 후에야 그것이 함정이었음을 알아채기도 한다. 일을 배우는 단계에서 도사리고 있는, 우리가 빠지기 쉬운 함정들을 생각해 보자.

컴퍼니 스페시픽이라는 함정

컴퍼니 스페시픽Company Specific이란, 오직 당신이 근무하는 회사 안에서만 통용되는 지식이나 기준을 말한다. 예를 들면 업계나 시장에서 범용적으로 쓰이지 않고 그 회사에서만 쓰는 용어나 기준, 프로세스 같은 것이다. 즉, 회사 밖에서는 쓸모 없는 것이 바로 컴퍼니 스페시픽이다.

내가 하는 일이 우리 회사에서만 통용되는 것인지 알기 위해서는 업계 동향을 잘 알고 있어야 한다. 관련 잡지를 읽고 동종 업계 사람들을 주기적으로 만날 필요가 있다. 때로는 헤드헌터를 통해 업계에서 최근 많이 뽑는 직무나 능력이 무엇인지 파악하는 것도 필요하다.

10년 차 정도 되었다면 자신의 업무 중에 어떤 일이 회사 안에 갇힌 일인지, 어떤 일이 업계에서 통용되는지, 또 어떤 일이 미래에 필요한 트렌드로 떠오를지 구분할 수 있어야 한다. 그리고 커리어에 맞게 해당 분야에 대해 공부하며 미래를 준비해야 한다.

이 말을 듣고 '컴퍼니 스페시픽'한 일은 배울 필요가 없구나, 라고 오해하는 사람이 없기를 바란다. 회사의 일은 당연히 능숙한 수준이 되어야 한다. 더하여 회사 밖에서도 통용될 수 있는 것을 찾아 그 능력을 키우는 것이 필요하다는 뜻이다. 또한 당신 회사 안에서만 사용되고 밖에서는 의미가 적은 일에 대해서는 지나치게 집착하지 않아도 된다는 것이다.

선례의 함정

선례의 함정이란 과거에 누군가가 해 놓은 일을 그대로 답습하는 것이다. 과거에 그렇게 일을 한 데에는 당시의 명분과 이유가 있었을 것이다. 그런데 이전에 그렇게 했다고 해서 지금도 반드시 그렇게 해야 할까? 단언컨대 그 일이 현재에도 똑같은 가치를 지니고 있지는 않을 것이다.

당신의 컴퓨터 하드에는 중요한 자료들이 모두 저장되어 있다. 그중 3년 이상 열어 보지 않은 채 고이 잠자고 있는 파일이 훨씬 더 많을 것이다. 그 파일을 한번 열어 보라. '내가 예전에 일을 정말 잘 했구나.' 보다는 '왜 이렇게 했지? 지금 보니 생각도 유치하고 논리도 좀 이상한데?'라는 생각이 들 것이다.

나는 17년의 직장생활 동안 딱 한 번 컴퓨터 하드를 포맷한 적이 있었다. 9년간의 자료가 연도별로 정리되어 있었는데, 그 자료가 없으면 아예 일을 못할 거라고 믿어 왔다. 하지만 업무가 바뀌며 완전히 새로운 마음으로 일해야겠다고 다짐하며 하드를 밀어 버렸다. 마치 미용실에서 두피 스케일링을 받은 듯한 상쾌함이 느껴졌다. 그 이후에 삭제된 자료가 필요했던 적은 없었다. 3년 전 자료를 다시 들여다볼 필요가 전혀 없을 만큼 시장 환경은 빠르게 변했다. 양식은 이미 머릿속에 있었고 현재의 필요대로 다시 만들기만 하면 되는 일이었다.

어차피 과거와는 다르게 일해야 한다. 뒤를 돌아보며 과거의 방식을 따르는 것보다 미래를 향해 일하는 'Work Forward'가 더 중요하다.

이론의 함정

사람들에게 이순신 장군을 아느냐고 물어보면 모두가 안다고 할 것이다. 무엇을 알고 있냐고 물으면 아마도 임진왜란 때 거북선을 이끌고 왜구를 격퇴한 조선시대의 장수라고 답할 것이다. 어린 시절 읽은 위인전과 영화의 영향이 클 것이다. 이렇듯 우리는 들은 것, 혹은 본 것을 '안다'고 말한다. 하지만 회사일에서 무언가를 안다는 것은 실제로 경험해 본 것을 말한다.

요리 프로그램을 보면 "한 입 크기로 썰고, 강불에 국물이 자작자작해질 때까지 졸이세요. 그리고 노릇노릇해질 때까지 구우세요."라고 말한다. 요리를 해 본 적 없는 사람은 그 말을 전혀 이해하지 못한다. 상담사 매뉴얼에는 "내담자가 충분히 긴장을 풀 수 있도록 간단한 이야기로 아이스 브레이킹을 합니다."라고 써 있다. 상담 경험이 없는 사람이라면 이 글을 읽고 오히려 본인이 얼음처럼 굳어 버릴지 모른다.

나는 대학교에서 경영학을 공부했다. 다양한 마케팅 사례와 타기팅, STP, 4P 등의 기본적인 내용을 배웠고 시험도 봤다. 하지만 나에게 있어서 큰 배움의 기억은 아주 우연한 기회로부터였다. 12월 31일 한 해의 마지막 날, 조금 이른 퇴근길 광화문 근처에서였다. 오후 6시경이었지만 벌써부터 종각역 부근에 사람들이 조금씩 모이기 시작했다. 제야의 종소리를 듣기 위해서였다. 지하철역 근처에는 장사꾼 몇몇이 폭죽과 반짝이는 머리띠 등을 팔고 있었다. 나는 정말 뜬금없이 즉흥적으로 같이 있던 친구와 함께 폭죽을 팔아 보기로 의기투합했다.

즉시 동대문 장난감 도매 시장으로 뛰어가서 폭죽 50개를 샀다. 그리고 스케치북과 매직도 샀다. 정확히 기억나지는 않지만 개당 가격이 3천 원이었던 것 같다. 아무리 깎아 달라고 해도 도매가게 사장님은 꿈쩍도 안 했다. 그럼 50개 다 팔고 다시 50개 사러 오면 그때 500원씩을 깎아 달라고 했다. 사장님은 '과연 다 팔 수 있나 보자.'라는 표정으로 겨우 오케이를 해 주었다. 그리고 사장님을 또 한 번 졸라서 작업용 이동의자도 빌렸다(협상).

다시 종각역으로 돌아와 약 20분 동안 근처를 돌아다니며 사람들이 어떤 경로로 모이고 있고 다른 장사꾼들은 어디에 자리잡고 있는지를 살펴봤다. 다른 데서는 모두 5천 원에 팔고 있었다(시장조사). 나는 스케치북에 '한 개 5천 원, 두 개 9천 원'이라고 적었다(프라이싱, 차별화). 그러고는 지하철역 출구에서 10미터 떨어진 곳에 이동의자를 펼치고 그 위에 올라가 소리쳤다. "한 개 사면 5천 원, 두 개 사면 9천 원이요!" 별 반응이 없자 바로 폭죽 두 개에 불을 붙여 터트렸다. 그러자 사람들이 웅성대며 반응하기 시작했다(시연). 다시 소리쳤다. "제야의 종 가까이 가면 더 비쌉니다. 여기서 사 가세요!"

우리는 커플을 주로 공략했다(타게팅). 여자친구와 함께 있는 남자의 마음을 건드린 것이었다. "잘생긴 형님, 예쁜 누님. 두 분 오랫동안 사귀세요."라고 립서비스까지 더하면 남자친구는 두 개를 사가며 쿨하게 잔돈 천 원을 안 받기도 했다.

이후 친구와 남은 폭죽을 나누어 들고 친구는 지하철역 출구로, 나는 근처 카페로 갔다(시장 확대). 카페에는 일찌감치 와서 쉬고 있다가 제야의 종 행사가 시작하면 움직이는 사람들이 있다는 것을 알았기 때문이다. 카페에서도 커플을 공략해 30분 만에 20개를 다 팔았다. 그 후에 다시 동대문으로 가서 50개를 더 떼어 왔다. 이미 네고한 대로 개당 500원씩 깎은 가격으로 말이다. 결국 제야의 종이 울리기 두 시간 전 100개의 폭죽을 모두 팔았다.

배움의 마지막 단계, 경험

경영학 책에 나오는 성공기업과 실패기업의 마케팅 사례를 어려운 용어로 분석하는 것보다 한 번이라도 직접 해 보는 것이 낫다. 경영학과 교수라고 해서 최고의 기업가나 사업가가 되는 것은 아니다. 마케팅 기법과 인사이트를 말하는 강사가 직접 마케팅한다고 해서 반드시 성공하는 것도 아니다.

폭죽을 팔았던 장사의 경험이 당시에는 어떤 의미인지 몰랐다. 그 순간을 되돌아보며 그것이 마케팅 계획, 협상, 시장조사, 타기팅, 프라이싱, 차별화 등이었음을 알게 되었다. 책상머리에서 얻은 게 아니라 직접 몸으로 부대끼며 경험으로 깨달은 것들이다. 체험을 통해 알게 된 지식은 쉽게 사라지지 않는다. 들은 것은 잊어버리지만 본 것은 기억하고 경험한 것은 이해한다.

'경험'하며 배우는 단계는 회사 밖에서 가능하다. 하지만 그것이 세상에 먹히는지는 회사를 다니면서 실험해 볼 수 있다. 회사를 떠나

다른 일을 하는 거의 모든 사람들이 "회사에 다니는 동안 작게 시작해서 테스트를 해 보라."라고 입을 모아 말한다.

무엇을 시도해야 할지 모를 수도 있고, 또 실패할 수도 있다. 하지만 그 실패는 성공보다 더 값진 배움이 될 것이다. 경험해 보아야 회사 밖에서 어떤 니즈가 있는지 알게 되고, 내가 세상에 내놓을 수 있는 것과 니즈와의 접점을 조금씩 찾을 수 있게 된다. 그 접점을 조금씩 넓히면 또 다른 형태의 업이 될 수도 있다.

* * *

회사에서 안정적으로 월급 받으며 버티면 되지 뭔가를 계속 배울 필요가 있냐며 반문할 수 있다. 그러나 회사생활은 장기적으로 보면 안정적이지 않고 일정 수준 이상으로 승진하기도 어렵다. 그저 버티기만 하는 시간에는 한계가 있다. 어느 순간 당신의 배움이 멈췄다면 시한폭탄의 카운트다운이 시작된 것이나 마찬가지다.

배가 목적지를 향해 나아가는 것을 '항해'라고 부른다. 항해를 위해서는 나침반과 지도가 필요하다. 그리고 별자리로 길을 찾는 방법도 배워야 한다. 우선 작은 배를 만들고 단 1킬로미터라도 내가 겪어 보지 못한 바다로 시험 운항을 해 보아야 한다. 그래야만 단단하게 보수해야 할 부분을 알게 되고 돛을 더 크게 만들어야 된다는 필요성도 깨닫게 된다. 이것이 바로 우리에게 시험 항해가 필요한 이유다.

오랜 시간 무탈하게 바다에 떠 있는 것은 항해가 아니다. 그건 표류다. 표류하면서 버티는 힘보다는 목적지를 향해 스스로 나아갈 힘이 있어야 한다. 혹시 당신의 회사 밖에선 아무 의미 없는 일들에 매몰되어 배움이 멈춰 있지는 않은지 스스로 되돌아보길 바란다.

대기업에서
알려 주지 않는 것들

복지가 좋다.

대출 받기 어렵지 않다.

급여가 높은 편이고 밀리지 않는다.

배울 점이 있는 일정 수준 이상의 선배, 동료들이 있다.

주위 사람들, 특히 어른들에게 회사에 대해 쉽게 설명할 수 있다.

이런 특징을 가지고 있는 회사는 어디일까? 바로 대.기.업이다. 대기업은 좋은 곳이다. 월급도 적지 않고 배울 수 있는 기회도 많다. 사람들에게 '저는 이런 일을 합니다…….'라고 구구절절 설명하지 않아도 되는, 지극히 현실적인 장점도 있다.

그러나 세상 모든 것이 그러하듯 좋은 점만 있는 것은 아니다. 이런 저런 사소한 문제들은 제외하고 딱 하나의 단점만 말해 보고자 한다. 그것은 바로 직원들이 '생산 능력'을 잃기 쉽다는 것이다. 물론 회사에 있는 동안에는 전혀 문제가 되지 않는다. 단, 회사를 떠나면 치명적인 단점이 될 수 있다.

외주, 즉 아웃소싱Out Sourcing은 기업 업무의 일부를 제삼자에게 위탁하여 처리하는 것이다. 경영효율을 극대화하기 위한 관리기법 중 하나로, 전략적이고 중요한 업무만 남기고 나머지는 전문회사에 맡기는 것이다. 제품을 만들어 판매하는 회사도 공장이나 물류창고, 고객센터까지 외주를 통해 해결할 수 있다. 이처럼 아웃소싱은 너무나도 흔한 운영 방식이다.

상품을 만들 때에도 설계도를 직접 그리지 않는 경우도 있다. 대략의 가이드를 제시하면 전문업체가 세부 설계도를 그려온다. 그것을 확인해 상사에게 보고하고, 수정이 필요하면 다시 업체를 불러 일을 시킨다. 마케팅도 크게 다르지 않다. 광고나 SNS 마케팅을 진행할 때 회사는 큰 줄기가 되는 내용과 참조사항만 전달한다. 그리고 입찰에 참여한 업체 중 좋은 아이디어를 적절한 가격에 제시한 곳과 계약을 맺고 일을 시킨다. 고장난 상품을 수리하는 A/S도 일부는 전문회사에 위탁을 한다. 회사는 전문회사에게 고객응대 매뉴얼을 만들어 주고, A/S 비율, 고장이 잘 나는 부품 등을 확인하고 관리하는 일만 한다.

회사가 아웃소싱을 활용하는 이유는 하나다. 시간과 비용을 줄일 수 있기 때문이다. 회사 입장에서는 효율을 높일 수 있는 당연한 선택이다. 대기업의 경우, 실제 실행Execution보다는 이러한 관리Management에 치중하는 일이 많다.

관리를 위한 관리자

문제는 이런 시스템에서 일하는 직원들이다. 대기업 마케팅팀 선임 과장이지만 광고나 마케팅을 직접 할 줄 모를 수 있다. 처음에는 외부 업체에 전략이나 가이드를 명확히 주었지만, 시간이 갈수록 대충 어물쩍 전달하고 만다. 그러고는 일단 결과물을 만들어 오라고만 시킨다. 나는 갑이요, 상대는 을이기 때문이다. 업체가 생산물을 만들어 오면 그것을 눈으로 확인하고 그 결과물에 대해 평가만 한다.

이렇게 일하는 모습이 누군가와 비슷하지 않은가? 바로 당신이 꼰대라고 부르는 부장님이다. 부하직원에게 업무의 목적, 마감 등 명확한 설명 없이 "알아서 좀 해."라며 일을 던지는 모습. 확인차 되물으면 "너는 꼭 하나하나 떠먹여 줘야 하냐?"고 말하는 모습. 어쩔 수 없이 상상력과 관심법을 동원해서 결과물을 가져가면 그제야 빨간 펜을 들고 지적하는 모습. 그리고 수없이 수정을 시키면서 '오늘도 애들을 가르쳤군. 이런 게 일하는 거지.'라고 생각하는 모습…….

대기업 직원 대부분은 이렇게 관리자가 되어 간다. 마치 프로젝트를 계획하고 조율하는 PMProject Manager과 같은 역할을 하게 되는 것이다. 한 대기업에서 PM 업무를 마지막으로 회사를 나온 분이 재취업하는 데에 애를 먹었던 경우를 보았다. 눈높이를 낮춰 중견기업으로 가려고 했으나 실무를 잘 모르는 대기업 출신이 위로 온다고 직원들이 반발을 했다는 것이다.

목표 달성을 위해 큰 그림을 그리고, 세분화된 프로세스를 조율하는 건 아무나 할 수 있는 일이 아니다. 전체 그림도 볼 줄 알아야 하고 세부 사안과 각 직능에서 발생하는 문제점도 알고 있어야 한다. 직능별 이해관계가 충돌할 때 원만히 풀어내는 능력도 필요하다. 하지만 관리 능력만 있는 사람은 회사 밖으로 나오면 그 쓸모가 크게 줄어들게 된다. 극단적으로 말하면 말만 하고 행동은 하지 않는, 아니 할 수 없는 사람이 되어 버렸기 때문이다. 또 단지 대기업에 있었다는 이유만으로 관리자 역할을 선뜻 맡기는 곳도 많지 않다.

"어차피 우리도 일상에서 아웃소싱을 하지 않나? 머리 손질은 미용실에 맡기고, 손톱 관리는 네일숍에 맡기고, 가끔 바쁘면 청소도우미도 부르잖아."라고 반문할 수 있다. 맞다. 구석기 시대가 아닌 이상 나를 둘러싼 모든 일을 혼자 할 수 없다. 아웃소싱 여부를 결정하는 기준은 일정 시간 동안 창출할 수 있는 가치에 있다. 가치가 높은 일은 직접하고 나머지는 아웃소싱을 주어도 된다.

하지만 관리 업무가 중심인 대기업 시스템 안에서는 자신에게 가치 있는 일이 무엇인지 알기 어렵다. 또 그 일을 스스로 할 수 있는 힘도 잃어 가게 된다. 그런 상태로 회사 밖으로 나가면 과연 버텨낼 수 있을까? 그렇게 해서 남는 것은 '대기업 출신'이라는 타이틀 딱 하나다. 그 타이틀은 언제라도 '대기업에서 왔는데 이것밖에 안 되나?'라는 비아냥으로 바뀔 수도 있다.

생산자가 되어야 한다

업계 30년 경력의 협력업체 사장님은 대기업 10년 차 김 과장을 만났다. 길게 할 것도 없이 딱 20분 정도만 업무 이야기를 나누면 사장님은 김 과장의 수준을 알아챈다. 일을 알고 말하는지 모르고 말하는지, 알아도 수박 겉핥기로 맛본 것을 흉내만 내는 것인지 금방 알 수 있다.

관리를 할 때는 '이 정도 일이면 작업량이 어느 정도니까 얼마나 시간이 걸리고, 또 설계상 이런 구조는 불가능하기에 이것은 제외해야 한다.'와 같은 디테일을 알아야 한다. 디테일을 모르면 업체가 말하는 것이 맞는지 틀린지 알 수 없기에 윗사람에게 보고할 때도 "업체가 이렇게 해야 한다는데요."라고 말하며 끌려가기만 한다. 반대로 회사가 목표한 납기일을 맞추기 위해 업체에 막무가내로 소리만 지르며 일할 수도 있다.

의류 생산도 마찬가지다. 상품의 원가 구조, 생산국가별 공임, 원단의 기본 단가 등을 알아야 아웃소싱을 제대로 줄 수 있다. 이 원단에 이런 프린트를 찍으면 번질 우려가 있다는 것을 모르고 일을 맡겨서는 안 된다. 대기업에 있을 때는 수화기를 들고 "위에 보고 끝났으니까 납기 무조건 맞추세요. 방법은 알아서 하시고요."라고만 하면 끝난다. 하지만 실제로 현장에서 일을 할 때는 그 말 뒤에 숨어 있는 수백 가지의 문제와 디테일을 직접 해결할 수 있어야 한다.

요리사는 감자 하나를 가지고도 훌륭한 요리를 만들어 낸다. 요리사가 굳이 감자를 재배할 필요는 없지만, 최소한 좋은 감자를 알아보는 눈은 가져야 한다. 어느 지방 감자에 무슨 특징이 있는지, 각 요리마다 어떤 품종의 감자를 쓰면 좋은지 정도는 알아야 한다.

일도 마찬가지다. 모든 것을 다 할 필요는 없다. 하지만 가장 전략적이고 중요한 사안에 대해서는 디테일을 꿰뚫는 능력이 있어야 한다. 일의 디테일을 알고 있어야만 외주를 통해 레버리지 효과도 얻을 수 있다.

* * *

"인간의 정체성은 생산을 통해서 형성된다." 신영복 선생님이 《담론》에서 한 말이다. 눈에 보이는 상품을 만드는 것뿐만 아니라 지식이든 콘텐츠든 스스로 무언가 생산할 수 있는 핵심 능력은 반드시 가지고 있어야 한다. 모두가 꼭 1차 생산자가 될 필요는 없지만 판을 짜는 기획자가 되더라도 혹은 관리자의 역할을 하더라도 디테일을 알아야 한다.

회사의 효율을 위해 만든 아웃소싱이라는 환경 안에서 아무것도 할 수 없는 껍데기 인간으로 남아서는 안 된다. 이름만 대면 모두가 아는 대기업에 다니는 당신이 혹시 이 함정에 빠져 있진 않은지 되돌아보자.

◇◇

'줄만 잘 서면 된다.' 혹은 '나서지 말고 중간만 하면 된다.'라는 말이 통용되는 시대는 저물고 있다. 평균을 좇으면 자신만의 필살기를 갖기 힘들다. 이 자리가 안전한데 굳이 무언가를 개선하고 갈고닦아 날카롭게 만들 필요를 느끼지 못한다. 그런 사람은 시간이 지나면 그나마 가지고 있던 능력마저도 점점 잃게 된다. 직장에서의 수명도 줄어들 것이다.

◇◇

회사에서 회사 밖 커리어 쌓는 법

오늘도 당신은 직장인의 무한 루프에 갇혀 있었는지 모른다. 무언가 커다란 것을 한걸음에 해내려고 들지는 말자. 어제 한걸음 내디뎠다면 오늘은 한걸음 반만 더 내디뎌 보면 된다. 당신이 움직인 만큼 미래가 만들어진다.

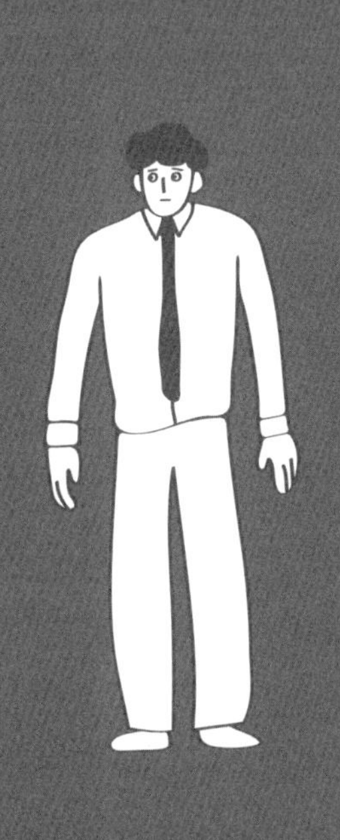

단순한 일상에 깃드는 건전한 생각

"아, 지겨워 죽겠어. 매일 똑같은 하루네. 뭐 좀 재미난 일 없나?"

이 말을 입에 달고 사는 선배가 있었다. 매일 반복되는 회사의 일상이 지겨웠던 것이다. 그는 어느덧 팀장이 되었다. 팀장이 된 이후에는 하는 말이 바뀌었다. "이놈의 회사는 정말 다이나믹해. 그냥 하루하루가 롤러코스터야." 직급이 높아지니 처리해야 할 문제의 범위도 넓어지고 목표도 커졌기 때문이다.

지금은 이 투정이 사라지고 새로운 푸념이 생겼다. "하루가 좀 평안히 지나갔으면 좋겠다……."로 말이다.

멀리서 보면 우리의 일상은 아무것도 아니다. 아주 단순하기 때문이다. 아침에 일어나서 출근하고 회사 가서 일하다가, 퇴근하면 저녁 먹고 쉬다가 잠든다. 이게 끝이다. 그리고 다음날 똑같은 하루가 반복된다. 이런 수준으로 일상을 이야기한다면 정말 보잘것없는 무의미한 시간의 반복일 뿐이다.

하지만 일상을 조금만 더 쪼개 보면 어떨까? 우리에게 공평하게 주어진 '시간'을 가지고서 말이다.

시간의 시각화

05:30 기상, 물 마시고 스트레칭, 10분 독서

06:00 샤워, 출근 준비

06:30 회사로 출발, 선정릉역까지 날씨 확인, 페이스북 확인, 선정릉역에서 갈아타고 회사까지 책 읽기, 아이디어 메모

07:50 회사 도착, 전날 매출 확인 및 사유 분석, 내일 매출 예측, 메일 발송

08:30 하루 전 적어 놓았던 할 일 확인, 이메일 확인, 이메일로 확인한 추가 업무 메모, 시간 배분

09:30 커피 마시기, 동료 과장과 5분간 오늘 해야 할 업무 확인

11:30 점심 식사

12:00 개인 이메일 확인, 직장생활연구소 댓글 확인, 출근길에 메모한 내용 살 붙여서 쓰기

17:30 퇴근길 선정릉역까지 책 읽기, 갈아타고서 유튜브 강의 시청

19:00 집 도착, 옷 갈아입고 세수

19:30 가족과 식사, 대화

20:30 음식물 쓰레기 버리기, 운동

22:00 하루 동안 읽은 글, 메모한 것 에버노트에 정리

22:30 취침

나의 하루를 30분 단위로 쪼개서 적어 본 것이다. "퇴근하고 주로 뭐하니?"라는 질문에 "응, 저녁 먹고 쉬다가 운동하고 자."라는 대답과 시간대별로 어떤 일을 하는지를 말하는 것은 차이가 크다. 하루 24시간을 30분이라는 작은 정사각형 조각이 모여 이루어진 것이라고 생각해 보자. 그러면 하루는 30분짜리 조각으로 만들어진 퍼즐이 된다.

일과를 30분 단위로 구분했다면 다음은 카테고리를 나누면 된다. 성향에 따라 다르겠지만 나의 경우 「회사일, 개인일, 발전, 만남, 충전, 가족」으로 나누었다. 그리고 그 카테고리에 색깔을 입혔다. 회사일은 빨간색, 개인일은 파란색, 발전 시간은 보라색, 만남 시간은 주황색, 충전 시간은 녹색, 가족 시간은 노란색으로. 그러면 하루는 여섯 가지 색으로 구성된 퍼즐이 된다. 이것이 당신의 일상이다. 하루를 30분 단위로 쪼갠 후 색을 입혀 시각화하는 것이다.

만약 하루 중에 의미 없이 아깝게 느껴지는 시간이 있다면 그 시간을 검정색으로 칠해 보라. 나는 통근시간이 약 1시간 30분 정도다. 왕복이면 3시간이다. 버스를 한 번 타고, 지하철도 한 번 갈아탄다. 그런

데 딱 5분만 봐야지, 하며 스마트폰을 들면 한 시간 '순삭[●]'은 기본이다. 그래서 출근시간 지하철을 한 번 갈아타는 시점에 아예 스마트폰 전원을 끄고 가방에 넣어 버린다. 그렇게 되면 검정색으로 칠해질 킬링 타임을 발전의 시간인 보라색으로 만들 수 있다.

중요한 것은 일상을 '행동'이 아닌 '의미'로 구분하는 것이다. 궁금한 분야의 책을 찾아 읽는 행동은 '독서'겠지만, 그 의미는 '발전'이 되는 것이다. 운동을 했다면 단지 '운동'이라는 행동 중심으로 쓰지 말고, '발전' 혹은 '충전'이라는 의미를 적는 것이다. 행동 자체가 아닌, 그것이 가져오는 의미와 가치로 시간을 표현하는 것이다.

단순히 행동과 현상으로만 시간을 쪼개면 그저 사실을 모아 놓은 데이터에 불과하다. 가치의 종류는 예시로 든 것보다 더 다양할 수 있다. 하지만 열 개 이상을 넘지 않는 것이 좋다. 너무 복잡해지기 때문이다.

여기에 직장생활 10년 차라면 새로운 컬러를 추가해 보자. 바로 미래를 위해 투자하는 시간을 구별해 보는 것이다. 투자 없이 열리는 열매는 없다. 아마도 '발전' 시간에서 좀 더 세분화될 것이다. 막연히 회사 밖을 두려워하거나 불안해하지 말고, 회사 다음 단계를 준비하는 행동을 하고 그 시간을 표시해 보자.

● '순식간에 삭제됨'을 줄인 신조어로 '매우 빠르게 사라짐'을 의미한다.

루틴의 힘

누군가는 '그냥 밥 먹고 일하고 쉬는 거지, 굳이 의미까지 부여해야 하나? 뭘 그리 피곤하게 사냐?'라고 말할 수 있다. 물론 매일매일 이렇게 살 수는 없다. 마음이 헤이해지고 변화가 필요하다고 느끼는 순간, 딱 한 달만 하면 된다. 하루의 루틴이 당신을 만든다고 믿는다면 딱 한 달만 루틴을 기록하고 관리해 보자. 엑셀에 색으로 정리한 '나의 한 달'이라는 작품을 보라. 파란색, 보라색, 녹색이 많은 힐링이 되는 풍경화인지, 아니면 빨간색과 검정색뿐인 우울한 그림인지.

시각 정보는 뇌에 큰 자극을 준다. 당신의 일상이 어떤 색으로 가득 차 있는지 보는 것만으로도 충분히 자극을 받을 것이다. 우리는 무언가를 제대로 보지 못했기 때문에 바꾸지 못하는 경우도 있다. 무의미한 검정색 시간을 없애다 보면 하루가 일정한 패턴의 색으로 채워지게 될 것이다. '이러면 하루가 똑같아지는 것 아니야?'라고 삐딱하게 물어볼 수도 있다. 맞다. 하루를 단순화하는 것이 목적이다.

당신의 일상이 재미없고 지루한 이유는 하루가 의미 없는 시간으로 가득 차 있기 때문이다. 만약 하루가 의미 있는 시간으로 일정한 규칙을 가지고 루틴하게 설계되어 있다면 어떨까? 일상은 심플해지고 그 안에서 편안함을 느끼게 될 것이다. 일상이 단순해지면 하루일과를 파악하기도 쉽고 새로운 일을 추가하기도 쉽다.

그런데 이렇게 한 달을 지내 보면 거의 매일 똑같은 시간을 보내는 것 같아 지겨움을 느낄 수도 있다. 이런 답답함을 느끼는 시점에 일주일의 계획을 다시 만들면 된다. 루틴한 일주일에 새로움을 주는 날을 집어넣는 것이다. '새로운 환경에서 새로운 사람들과의 색다른 시간'을 끼워 넣는 것이다.

예를 들면 화요일, 목요일에는 퇴근 후 바로 집으로 가지 않고, 화요일은 혼자 천천히 저녁을 먹고 카페나 서점에서 책을 보는 시간으로 만드는 것이다. 목요일에는 관심 있는 분야의 강연이나 모임에 참석해 다양한 이야기를 듣고 새로운 사람을 만나는 날로 정해 보자. 즉, 화요일은 혼자 생각하며 내면을 채우는 날, 목요일은 새로운 자극을 받는 날이 되는 셈이다. 루틴한 일주일에 양념을 치는 것이다.

이렇게 일주일을 설계한다면 마냥 지겹지만은 않을 것이다. 또한 기존의 일상을 유지하면서도 새로운 가능성과 시각을 얻을 수 있는 창구들이 하나둘 늘어날 것이다.

일상의 소중함

미혼인 후배가 물었다. 배우자를 고를 때 무얼 봐야 하냐는 것이다. 나는 이렇게 대답했다.

"그 사람의 일상을 봐. 너를 만나는 서너 시간은 평소와 완전히 다른 모습을 너에게 보여 줄 수도 있어. 하지만 꾸준히 축적된 일상은 절대 꾸밀 수가 없어. 그 일상은 대화를 통해서 혹은 그 사람의 가족을 만나면 알 수 있어. 결혼을 생각한다면 가족을 만나 보는 건 꼭 필요한 일이야. 그의 일상이 어떤지, 가족이 서로를 어떻게 대하는지 보면 결혼생활이 어떨지 어느 정도는 짐작할 수 있을 거야."

일정하게 설계된 시간은 새로운 일을 시작할 수 있는 뒷받침이 된다. 트위터 창업자 잭 도시Jack Dorsey는 자신의 일상을 규칙적으로 만들려고 노력했다. 어느 정도 예측과 통제가 가능한 하루는 스트레스가 적기 때문이다.

작가 무라카미 하루키는 새벽 4시에 일어난다고 한다. 그리고 오전 시간을 모두 생각하고 글을 쓰는 데 보낸다. 오후에는 달리기나 수영 같은 운동을 하고 저녁에는 책을 읽거나 음악을 듣고 밤 9시경에 잠을 잔다. 이런 루틴한 일상을 수년간 반복하고 있다고 한다. 그는 한 인터뷰에서 이렇게 말했다.

"나는 이런 습관을 매일 별다른 변화를 주지 않고 반복한다. 그러다 보면 반복 자체가 중요한 것이 된다. 반복은 일종의 최면으로, 반복 과정에서 나는 최면에 걸린 듯 더 심원한 정신 상태에 이른다."

대가들이 이렇게 단순한 삶을 추구하는 것은 자신의 일에만 몰입하려는 의도가 크다. 무얼 해야 할지, 어떻게 해야 할지, 어디로 가야 할지 모르는 사람은 단순한 인생을 살고 싶어도 그러기 힘들다. 지향점이 없기 때문이다. 해야 할 일이 명확한 사람에게는 목표를 위한 단순한 삶이야말로 최고의 날이 될 수 있다.

* * *

루틴한 일상은 곧 잘 설계된 일상이다. 나 자신의 발전을 위해 의도적으로 루틴을 만들어 보기 바란다. 그 일상은 당신을 지탱해 주는 힘이 될 것이다. 잘 설계된 규칙적인 일상은 반복의 저주가 아닌 희망의 담금질이 된다. 지금 바로 일상을 쪼개어 파악해 의미를 구분해 보고, 건전한 루틴을 세팅해 보라.

퇴근 후 일상도 남이 정해 준 똑같은 내일을 위해 희생해서는 안 된다. 루틴한 일상으로 삶에 대한 통제력을 높이고, 그 안에 변화의 루틴을 집어넣어 다름을 만들어 가길 바란다. 늘 똑같은 하루가 재미없다고 말했던 선배에게, 이 꼭지를 바친다.

당신의 상상은 현실이 되지 않는다

◇◇◇◇◇◇◇◇◇◇◇◇◇◇◇◇◇◇◇◇

"저는 오늘 공부를 하나도 하지 않았습니다. 열심히 공부하는 대신 가르쳐 주신 공부 'VD●'를 열심히 실천하고 있습니다. 제가 수능 만점을 맞고 '이건 시크릿과 꿈꾸는 다락방 덕분이다.'라고 인터뷰하는 장면을 생생하게 그리고 또 그리고 있습니다. 그런데요, 정말 공부 하나도 안 하고 VD만 해도 수능에서 만점을 맞을 수 있는 거 맞죠?"

이지성 작가의 《노 시크릿》 내용 중 일부다. 아무것도 하지 않고 오로지 상상만 하면 모든 것이 이루어진다고 VD를 잘못 받아들인 극단적인 예다.

나는 '명확히 상상하면 현실로 이루어진다.'라는 말을 믿는다. 목표를 구체적으로 상상하며 매일 되새김질하면 막연히 상상만 하는 사람보다 목표에 도달할 확률이 훨씬 높다. 명확한 상상은 어떤 행동을 해

● VD(Vivid Dream) = Realization, 생생하게 꿈꾸면 현실이 된다는 뜻.

야 목적지에 도달할 수 있을지 생각하게 만들고 행동을 이끌어 낸다. 이런 과정이 너무나 당연하기에 명확히 상상하면 현실로 이루어진다고 믿는 것이다.

상상이 현실이 되려면

지저분한 방 안 TV 앞에 누워 빈둥거리며 '나는 부자가 될 거야.'라고 생생히 상상하는 모습을 떠올려 보라. 얼마나 앞뒤가 맞지 않는가? 얼마나 뇌가 괴롭겠는가? 뇌에 입이 있다면 이렇게 말할 것이다. "이놈은 부자가 되겠다고 생각하면서 왜 전혀 다르게 행동하는 거지. 아우 피곤해 미치겠네."라고 말이다.

생각과 행동이 일치하지 않으면 뇌는 심각한 인지부조화를 느낀다. '내일 시험이라 공부해야 하는데.'라고 생각하면서 게임을 하고 있다면 그것만큼 스트레스인 것도 없다. 그 상황에서 뇌는 부조화 상태로 인한 피로감을 줄이기 위해 무언가 하나를 선택하도록 지시를 내린다. 상상을 멈추든, 아니면 몸을 일으켜 행동하게 만드는 것이다. 이때 대부분의 사람들은 부조화를 줄이기 위해 전자를 택한다. 그게 더 쉽기 때문이다.

최고의 아이돌 가수가 되겠다고 하루 12시간씩 방안에 앉아 무대에 선 상상만 강렬하게 한다고 가정해 보자. 그럼 갑자기 방송국 PD나 기획사에서 우주의 소리를 듣고 당신에게 전화를 걸어올까? 춤 연습, 노래 연습도 하지 않고 오디션도 보지 않고 가수로 데뷔를 한다고? 그야말로 망상이다.

강렬하게 매일 상상을 했다면 춤과 노래를 배우기 위해 학원에 등록하고 연습을 할 것이다. 그리고 프로필 사진도 찍고 홍보 영상을 제작하고, 각종 오디션에 응시할 것이다. 강력한 상상은 행동을 만드는 촉매제다.

명확한 상상 다음엔 행동이 따른다. 그것이 정상적인 과정이다. 꾸준히 행동하면 일정한 패턴이 생길 것이고, 이 과정이 효율적으로 이루어지면서 점점 정교해진다. 오랜 시간 이를 반복하면 자신의 장단점을 알게 되고, 장점을 더 살리는 방향으로 계획된 행동을 이어나간다. 누군가는 이 과정을 '일만 시간의 법칙'이라고 부른다.

맛있는 요리를 먹고 싶다면 재료를 사와서 요리를 해야 한다. 아니면 몸을 움직여 음식점까지 가야만 한다. 이것도 아니면 적어도 손가락이라도 움직여 배달 주문이라도 해야 한다. 가만히 있어도 벌어지는 일은 죽음 빼고 없다. 맛있는 음식을 상상한다고 해서 누군가 갑자기 초인종을 누르고 진수성찬을 차려 주지 않는다.

아무런 행동 없이 상상만으로 맛있는 요리를 먹게 된다? 거듭 말하지만 그것은 기적이다.

작은 행동도 발전의 원동력이 된다

어느 날 선배와 점심을 먹고 커피 한잔 들고서 조용한 주택가를 산책했다.

"선릉역 근처에 이런 4층짜리 집 하나 있으면 월세가 얼마나 나올까? 제일 위층에 주인이 산다고 치면 방이 여섯 개니까 한 달에 최소 6백만 원은 나오겠지? 그럼 그냥 회사 안 다니고 여행하면서 놀고먹어도 되겠다. 아 부럽다. 나도 이렇게 살고 싶다."

"그럼 선배도 이런 집 하나 사세요."

"야, 요즘 이런 집 하나에 얼마나 하는데. 최소 20억은 있어야 할걸?"

"그럼 20억을 벌면 되잖아요."

"야! 지금 회사 월급으로 어떻게 그걸 벌어?"

선배가 짜증을 낸다.

"그럼 사업을 하세요. 20억은 월급쟁이가 벌기 힘든 돈이니까요."

"내가 뭘로 사업을 하냐? 아이템도 없고 돈도 없는데."

"그럼 지금부터 아이템을 생각해 보세요. 준비를 해야죠. 진짜로 20억을 벌기 원한다면요."

"야, 요즘 인사고과철이라 매일 눈치 보며 야근하고 사는데 언제 그런 거 생각하고 준비하냐?"

"그럼 주말에 한번 준비해 보세요."

"주말에는 애들이랑 놀아 줘야 되고 또 피곤한데 쉬어야지."

"그럼 선배, 그냥 회사생활 열심히 하세요. 20억은 포기하고요."
"너는 무슨 말을 그렇게 하냐?"
"사실이 그렇잖아요. 원하는 걸 얻고는 싶은데, 또 노력하기는 싫은 거잖아요. 좀 앞뒤가 안 맞는 거 같은데요?"

대화는 머쓱하게 끊어졌다. 이 대화는 원하는 것이 있지만 딱히 행동하지는 않는 직장인의 무한 루프를 그대로 보여 준다. 머릿속에 이런저런 생각이 떠오르지만 몸은 항상 그 자리 그대로다. 물론 망설일 수밖에 없는 상황과 이유는 수백 가지가 있을 것이다.

우리는 어떤 일을 시작하기 전에 그 일이 얼마나 어렵고 힘든지를 먼저 따져 보게 된다. '이 집이 얼마나 할까? 월세는 얼마나 나올까?'라는 의문이 든다면 부동산에 가서 물어보면 된다. 하지만 생각만 하는 사람은 '나는 돈도 없는데 내가 가서 물어봐도 될까? 중개업자가 콧방귀도 안 뀔 것 같은데.'라며 가만히 있는다. 이렇게 '안 되는 이유'를 먼저 찾는다. 무시당할 것 같아 두렵다면 가진 옷 중 가장 격식 있는 옷을 입고 어깨에 힘 좀 주고 가면 된다. 그게 어렵다면 그냥 사실대로 말해도 상관없다. 아니면 근처에 집을 구하는 척하면서 자연스럽게 이 집은 얼마냐고 물어봐도 된다. 나아가 집 주인은 무슨 일을 하는지, 어떻게 이런 집을 살 정도로 돈을 모았는지 물어봐도 된다. 행여나 무시당하면 어떤가? 그건 당신 잘못이 아니라 중개업자의 태도가 잘못된 것이다.

영화 〈행복을 찾아서〉의 주인공은 의료기기 방문판매 일을 하는 외판원이다. 어느 날 무거운 의료기기를 들고 월스트리트를 걷다가 비싼 스포츠카에서 내리는 사람을 발견한다. 그리고 그에게 무슨 일을 하는지 그리고 어떻게 하면 그 일을 할 수 있는지 두 가지 질문을 던진다.

그날 이후, 주인공은 변화하기 시작한다. 주식 브로커가 되기 위해 밤낮으로 공부했고, 피와 땀으로 범벅된 노력으로 마침내 주식 브로커가 되어 자신의 이름을 딴 펀드까지 만드는 성공을 거둔다. 그때 질문을 던져 보지 않았더라면 계속 외판원으로 일하고 있을 것이다.

'상상하면 현실이 된다.'라는 말은 틀린 말은 아니다. 하지만 그 안에 숨어 있는 '상상으로 시작해서 행동으로 이룬다.'라는 진실을 잊어서는 안 된다. 생각만으로 이루어지는 것은 세상에 아무것도 없다.

* * *

타조는 모래 속에 머리를 파묻으면 눈앞의 위험이 사라진다고 믿는다. 어린아이들은 자기 눈을 가리면 남들이 자신을 보지 못할 것이라 생각한다. 구체적인 행동 없이 상상만 하는 것은 타조나 어린아이의 모습과도 같다.

오늘도 당신은 '아, 그거 해야 되는데…….'라며 같은 생각만 반복하는 직장인의 무한 루프에 갇혀 있었는지 모른다. 무언가 커다란 것을 한걸음에 해내려고 들지는 말자. 어제 한걸음 내디뎠다면 오늘은 한

걸음 반만 더 내디뎌 보면 된다.

산꼭대기에 있는 모습을 꿈꿨다면 그다음 할 일은 꼭대기를 바라보면서 눈앞의 첫걸음을 내딛는 것이다. 당신이 움직인 만큼 미래가 만들어진다.

인사이트는
어떻게 얻어지는가

◇◇◇◇◇◇◇◇◇◇◇◇◇◇◇◇◇◇◇◇

"이재용 삼성전자 부회장과 당신이 똑같이 가지고 있는 자산은?"

아주 쉬운 문제다. 누구나 맞출 수 있다. 이재용 부회장과 당신이 단 하나의 다름도 없이 똑같이 가지고 있는 것, 바로 시간이다. 시간은 모두에게 공평하다. 시간이야말로 세상의 모든 인간에게 공평한 유일한 자산이다.

그런데 이재용 부회장이 체감하는 시간과, 당신이 체감하는 시간은 똑같지 않을 수도 있다. 돈으로 시간을 살 수 있기 때문이다. 청소하는 시간, 요리하는 시간, 무언가를 찾는 시간 등은 돈 주고 살 수 있다. 나보다 더 잘하거나 빨리 할 수 있는 사람에게 아웃소싱을 주면 된다. 무언가 배울 때도 최고에게서 비싼 값을 지불하고 배운다. 시행착오가 있을 것을 감안하면 그것이 오히려 저렴한 방법일 수도 있다.

일상뿐 아니라 업무까지도 아웃소싱으로 시간을 산다. 그리고 돈으로 사들인 시간은 자신에게 가장 중요한 일을 하는 데에 쓴다. 청소와 요리 시간만 빼도 일주일에 10시간은 얻을 수 있고, 최고에게 배움으로써 시행착오를 겪을 몇 년의 시간을 줄일 수도 있다. 지불한 돈보다 더 많은 가치를 만들어 낼 수 있다면 기꺼이 시간을 돈을 주고 사는 편이 낫다. 그것이야말로 제대로 된 투자다.

직장인들도 시간의 중요성을 잘 안다. 특히 삼십 대 중후반의 직장인이라면 더욱 실감할 것이다. 상사가 불필요한 일을 시키면 최대한 그를 설득하려 노력한다. 시간이 아깝기 때문이다. 어쩔 수 없이 그 일을 하게 되었다면 빨리 끝내기 위해 애쓸 것이다.

이렇게 시간을 소중히 여기는 사람들의 특징은 무언가 몰두할 만한 가치 있는 일을 가지고 있다는 것이다. 목표가 없다면 시간이 아깝다는 생각을 하기 힘들다. 여기서는 한정된 시간을 의미 있는 '생각 확장의 시간'으로 만들기 위한 방법에 대해 말해 보고자 한다.

직장인이 생각을 확장하는 방법 1
- 출퇴근 시간을 활용하기

이건 기본 중의 기본이다. 모든 시간 활용법과 관련된 이야기에서 빠지지 않는다. 하지만 많은 사람들이 알고도 하지 않는다. 시간이 팔을 벌리며 나타나 "내가 당신에게 시간을 줄 테니 마음껏 쓰세요!"라고 말하는 일은 없다. 그렇기에 직장인이라면 하루도 빠지지 않고 매일 반복하는 행동 중에서 조금씩 시간을 뽑아내야만 한다. 그것이 바로 출퇴근 시간이다.

2017년 기준, 직장인 평균 출퇴근 시간은 약 1시간 40분이라고 한다. 이중 약 20%를 빼고 순수하게 대중교통 안에 있는 시간만 살펴보자. 그러면 당신에게는 하루에 80분, 일주일이면 400분, 즉 6시간이 있는 것이다. 한 달이면 약 26시간이 된다. 한 달 동안 하루, 즉 24시간이 넘는 시간을 통근하는 데에만 보내는 것이다. 결코 적지 않다. 이 시간을 어떻게 활용하느냐에 따라 삶의 질과 개인의 발전 속도가 달라질 수밖에 없다.

오늘 아침 지하철 출근길을 잠시 떠올려 보라. 아마도 열에 여덟아홉은 스마트폰을 보고 있었을 것이다. 물론 스마트폰으로 중요한 이슈나 기사를 확인하는 경우도 있다. 하지만 대부분은 습관적으로 매번 들어가는 포털에서 메인 기사를 보고 댓글을 확인하고, 커뮤니티에 접속해 글을 읽는다. 그리고 유튜브 인기 영상을 보며 시간을 보낼 것이다.

만약 손에서 스마트폰을 내려놓기 힘들다면 인터넷 기사를 보면서도 생각을 발전적으로 확장하는 방법에 대해 이야기해 보겠다. 이를 위해서는 두 가지 전제가 필요하다. 우선 당신이 조금이라도 관심이 있거나 회사일과 연관된 분야를 선택하는 것이다. 그래야 질문에 대한 답이나 아이디어를 떠올릴 수 있고, 생각의 지평을 넓히는 데 도움이 된다. 두 번째는 절대로 댓글을 읽지 않는 것이다. 그 이유는 뒤에서 설명하겠다.

:: 직장인을 발전시키는 질문법

<왜?>

'미국의 아마존이 전년대비 실적이 올라서 주가가 상승했다.'라는 내용의 기사를 읽은 기억이 난다. 나는 유통업에서 일하고 있고 또 아마존에서 직구로 상품을 구매한 경험도 있기 때문이다. 이 기사를 본 대부분의 사람들은 '역시 아마존은 대단하네. 나도 이참에 아마존에서 직구나 해 볼까?' '우리나라에도 배송비 없이 직구가 되면 참 좋겠다.'라는 생각을 할 것이다. 하지만 이 책을 읽고 있는 당신이라면 이렇게 질문해 보자.

'왜 아마존은 미친 듯이 성장하는 거지? 창업 후 몇 년 동안은 적자였다는 기사를 본 것 같은데, 어떻게 지금까지 버틴 거지?'

창업 후 2,000배가 넘는 성장을 한 회사라면 그 성장 배경과 이유가 궁금할 것이다. 답을 찾기 위해 가능한 구글에서 영어로 검색해 보자. 한글 기사보다 훨씬 더 많은 것을 알게 될 것이다. 영어로 찾는 것이 어렵다면 국내 전문가가 분석해 놓은 글을 찾아보는 것도 좋다. 언제 창립해서 적자 기간 동안 어떻게 버텨 냈으며, 현재 어느 나라에 진출해 있는지, 이렇게 급성장하게 된 배경은 무엇인지 기본적인 정보를 습득하자. 그리고 참조할 만한 내용이 있다면 링크를 저장해 놓자.

<그 다음은 어떻게 될까?>

꼬리에 꼬리를 무는 질문을 던져 보자. '왜 지금까지 한국에는 들어오지 않은 거지? 그런데 일본에는 왜 있지?' 더 나아가 '만약 한국에 들어온다면 어떻게 될까?' '11번가나 G마켓은? 참, 커머스를 확대하는 네이버는 어떻게 될까?' '이번에 큰 투자를 받은 쿠팡은 버텨낼 수 있을까?' '만약 국내에 들어온다면 물류센터가 가장 중요한데 새로 지을까? 아니면 기존의 것을 사서 리모델링을 할까?' '만약 국내 회사를 산다면 어디일까?'

<나와 무슨 관계가 있지?>

이 뉴스와 나의 관련성을 찾는 것이다. '만약 아마존이 한국에 진출하면 그게 나랑 무슨 상관이지?'라고 질문해 보는 것이다. 물론 '누구나 더 싸게 상품을 구매할 수 있어서 좋지.'라는 답은 당연한 것이다. 여기서 조금 더 깊게 들어가 보자. '아마존이 들어온다면 경력직 인원을 뽑을 가능성이 높고, 기존의 커머스 업체들 중 이익을 내지 못하는 곳은 무너질 수도 있겠지. 그럼 업계 인력이 크게 한번 요동칠 수 있겠네.'라는 생각까지 나아갈 수 있다.

<그럼 나는 뭘 해야 하지?>

나와의 관계를 찾았다면 당연히 따라 나오는 질문은 '그럼 나는 뭘 해야 하지?'이다. 이는 '아마존이 채용을 하면 지원해 볼까?'로 이어질 수 있다. 그렇다면 우선 미국 아마존 사이트에 들어가 'Find Job' 게시판을 둘러보거나, 일본 아마존에서는 현지인 채용 시에 어떤 직군을 뽑았는지 알아보면 된다. 이도 저도 어렵다면 일단 비즈니스 영어를 준비하거나 영문 이력서를 미리 써 볼 수도 있다.

만약 아마존과 관련된 직무나 개인적 관심이 없다면 어떨까? 그럼 투자자의 관점으로 접근해 보면 된다. '아마존 주가가 1년에 80%나 올랐다고? 이유를 보니 더 성장할 수 있을 것 같은데……. 아마존 주식을 살 수 있는 방법은 없을까? 너무 비싸서 직접 투자는 어려울 것 같고. 어라, 아마존이 포함된 ETF●가 있다고? 그럼 그걸 한번 사 볼까?' 이런 식으로 내가 해야 할 행동까지 생각의 범위를 넓혀 보면 된다.

모든 현상에 대해 이런 질문으로 생각을 확장해 보는 것은 어렵겠지만, 관심 분야만큼은 훈련 차원에서 꼭 해 볼 것을 제안한다. 참고로 2018년 겨울, 나는 숨겨둔 비상금으로 아마존 주식 두 개를 샀다.

직장인이 생각을 확장하는 방법 2 - 생각을 글로 남겨두기

사색의 시간을 갖는 것은 매우 중요하다. 하지만 생각으로만 끝나서는 안 된다. 생각이 생산으로 이어져야 한다. 그 생산물을 한데 모아 놓으면 '사유의 포트폴리오'가 완성된다. 이것은 당신을 변화시킬 수 있는 에너지 창고가 되어 줄 것이다.

회사를 떠나서도 생존할 수 있는 가장 중요한 힘은 바로 '생산력'이

● Exchange Traded Fund, 인덱스펀드를 거래소에 상장시켜 개별주식과 같이 거래할 수 있도록 만든 금융상품.

다. 파는 것은 경제활동의 기본이다. 그것이 시간이건, 노동력이건, 지식이건, 경험이건 혹은 대동강 강물이건 인스타에서 보여지는 겉모습이건 상관없다. 무언가 팔아서 돈이 될 만한 것이 있어야 한다.

생각을 글로 옮기는 것은 '생산하는 힘'의 기본요소다. 글쓰기를 통해 자신의 역량을 알릴 수 있고, 또 이 콘텐츠를 바탕으로 새로운 기회를 만날 수도 있다. 자신만의 탁월성을 글로 생산해 낸다면 칼럼 의뢰가 들어올 수 있고, 책을 낼 수 있는 기초 자산이 될 수도 있다. 영화, 드라마, 유튜브 등의 비디오미디어도 그 기본은 기획서나 시나리오와 같은 텍스트다. 영상도 결국 기획서라는 텍스트를 영상이라는 형태로 번역한 것이기 때문이다.

생각을 틈틈이 글로 적는 습관을 만들어 보자. 나는 아무리 사소한 생각이라도 모두 글로 옮겨 놓는다. 생각은 곧 증발해 버리지만 적어 놓은 것은 오래오래 남는다. 휘갈겨 쓴 노트가 강력한 기억력보다 낫다. 빡빡한 중국 출장 기간 동안 보고 듣고 경험한 것, 새로운 브랜드가 한국에 신규 오픈했을 때 가서 둘러보고 상품을 구입하며 느낀 것, 카페 옆자리에서 직장인들이 나누는 대화에서 얻은 힌트 등을 모두 직장생활연구소에 포스팅해 놓았다.

영국의 철학자 프랜시스 베이컨Francis Bacon은 "책을 읽는 것은 완전한(full) 사람을 만들고, 글로 쓰는 것은 정밀한(exact) 사람을 만든다."라고 했다. 읽고 경험한 것을 글로 쓰며 생각을 정교하게 가다듬는 행동은 창의성을 끌어올리는 준비운동과도 같다.

글쓰기뿐만 아니라 도표, 그래프, 그림 등으로 표현하는 것도 생각의 구조화나 창의적 발상에 큰 힘이 된다. 보고 자료를 만들 때도 무작정 파워포인트만 켜서는 안 된다. 종이에 연필로 제목과 핵심 내용을 쓰고 표를 그려 보며 생각을 구조화하는 것이 우선이다. 글로 써 봐야 생각이 정리되고 내가 무엇을 알고 무엇을 모르는지 깨닫게 된다.

글의 힘은 실로 위대하다. 수백만 원의 돈을 지불하고 글쓰기 강의를 듣는 것보다 생활 속에서 글을 쓰는 습관을 만드는 것이 훨씬 효과적이다.

직장인이 생각을 확장하는 방법 3
- 내 생각부터 가다듬기

우리는 타인이 쳐 놓은 생각의 덫에 무방비로 노출되어 있다. 스마트폰으로 글을 읽을 때를 생각해 보자. 우선은 자극적인 제목에 손가락이 멈출 것이다. 그리고 엄지를 튕겨 글 중간중간 굵은 글씨로 된 소제목만 읽는다. 다시 손가락을 튕겨 바로 댓글창으로 넘어간다. 문제는 지금부터다. 댓글을 읽자마자 그 어떤 생각의 확장도 불가능해진다. 베스트 댓글을 보면서 '많은 사람들이 추천한 댓글이니 이 말이 맞을 거야.'라고 자신도 모르게 생각한다. 그리고 그 의견을 비판 없이 받아들인다.

태평양처럼 넓고 깊어질 수 있는 당신의 생각은 관상용 어항만큼

작아진다. 어느 누가 썼는지도 모르는 분노, 몰상식, 비난의 댓글 속에 당신을 가둬 버린다. 댓글을 읽는 순간 당신의 생각은 절대로 그 이상을 넘기 힘들다. 당신의 상상력은 댓글에 가두리 양식이 되어 버린다. 댓글을 읽으면 글쓴이가 전하고자 하는 인사이트, 행간에 숨어 있는 의미들은 모두 사라져 버린다. 같은 현상을 다른 시각으로 보는 다양성도 사라진다.

'설마 댓글 몇 개 가지고 내 생각이 좁아지겠어? 난 댓글 따위에 영향을 받지 않아.'라고 한다면 큰 오산이다. 오죽하면 댓글 조작을 통해 여론을 조종하려는 무리들이 사라지지 않겠는가? '회색 코끼리를 생각하지 마.'라는 말을 듣는 즉시 머릿속은 수백 마리의 회색 코끼리로 가득 차 버린다. 내용이 길면 'TMI●'라며 쿨하게 끊어 버리고 '세 줄 요약 좀'이라는 댓글을 단다. 생각하는 힘을 누군가에게 빌리려고만 한다.

* * *

직장인은 매일 비슷한 시간에 비슷한 일을 한다. 반면 회사 밖 세상은 속도를 예상하기 힘들 정도로 빠르게 변하고 있다. 땅바닥에 찍힌 타인의 발자국만을 따라가지 말고, 세상에서 가장 공평하고 소중한 재산인 시간을 최대한 아끼며, 바로 당신이 서 있는 그 자리에서 질문

● 'Too Much Informaion'을 줄인 신조어로 '너무 과한 정보'라는 의미이다.

을 통해 생각을 확장하는 훈련을 해 보자.

정리된 생각은 글로 써 보고 타인과도 나눠 보자. 그렇게 얻은 생각이나 경험을 자신만의 생산물로 만들어 보자. 그렇다면 당신이 서 있는 무대가 바뀌는, 예상치 못한 새로운 기회가 생길 수도 있다.

우리는 그렇게 조금씩 변화할 수 있고 더 나아질 수 있다. 내 생각을 양식장에 가두지 말자. 타인의 생각으로 양식되는 물고기가 되지 않기를 바란다.

아웃풋의 힘

◇◇◇◇◇◇◇◇◇◇◇◇◇◇◇◇◇◇◇◇

회사에서는 인풋Input을 통해 일을 배우고, 반복을 통해 숙련의 단계에 이른다. 그 후 일을 확장하며 새로운 경험을 하는 순서로 배움이 완성된다. 그중 숙련과 확장을 위한 가장 좋은 경험을 소개하고자 한다. 바로 아웃풋Output을 하는 것이다.

아웃풋의 한 방법으로 '가르치는 일'이 있다. 나는 회사에서 누군가를 가르칠 기회가 생기면 항상 먼저 손을 들고 자원했다. 그래서 선택한 게 신입사원 교육과 사내강사가 되는 것이었다. 물론 지금까지 해왔던 일을 가르치는 것이었지만 마냥 쉽지만은 않았다.

남을 가르치며 나도 성장한다

신입사원을 가르칠 때 세 가지 원칙을 정했다. 먼저, 질문할 시간을 정해 주었다. 입사 후 두 달까지 매일 오후 4시부터 40분 정도의 시간을 주었고, 반드시 그 시간에 궁금한 것을 물어보라고 했다. 시간을 정해 두어야 집중해서 가르칠 수 있고, 또 내 업무시간을 뺏기지 않고 시간관리를 할 수 있기 때문이다.

두 번째는 질문은 반드시 글로 적어 보고, 한 문장으로 줄여서 이야기하도록 했다. 일부 신입사원은 자신이 무엇을 모르는지 스스로 정리를 못하는 경우도 있었다. 말로 하면 중언부언할 것을 글로 쓰면서 생각을 가다듬는 훈련을 시킨 것이다. 글로 정리하다 보면 불필요한 것을 물어보려 한다거나, 이미 답을 알고 있음을 깨닫는 경우도 있었다.

마지막으로 답변을 듣고 알게 된 것까지 메모하라고 했다. 들은 것을 글로 옮기는 것도 공부가 된다. 이것 역시 구조화의 연습이다. 나중에 보면 노트에 정리를 잘하는 친구가 일 잘한다는 소리를 듣게 되는 경우가 많았다. 무엇이 중요한지 아닌지를 센스 있게 잘 알아채는 것이다. 같은 내용을 들어도 정리를 잘하는 사람이 일도 잘한다.

한편 사내강사에 지원한 것은 나 스스로를 위해서였다. 단순히 일만 하는 것에 그치지 않고, 가르치는 업무를 함으로써 더 배우고 커나갈 수 있다고 생각했기 때문이다. 비록 사내강사였지만 이것은 내가 아는 것을 회사 밖으로 확장시키려는 노력과도 같았다.

당시 나는 글로벌 소싱Global Sourcing 업무의 매뉴얼을 만들기 위해 수출입에 대한 기본 내용, 관세, 무역 영어, 각 국가별 기본 임금 및 나라별 주요 생산품 등에 대해 정리했다. 야근까지 해야 했지만 그 시간만큼은 내가 원해서 즐겁게 일했던, 성장을 위한 시간이었다.

신입사원 교육과 사내 강사. 이렇게 누군가를 가르치는 것은 곧 나를 위한 공부다. 강의 준비를 하다 보면 내가 알고 있고 또 하고 있는 일이지만, 가르치기에는 부족한 부분이 있음을 깨닫게 된다. 말을 할 때 자신감이 떨어진다면 100% 확실하게 알지 못해서다. 그래서 그 부분을 다시 공부하게 된다.

또한 누군가를 가르치다 보면 사람을 이해하게 된다는 것이었다. 똑같이 가르쳐도 어렵다는 사람이 있고, 생각지도 못한 날카로운 질문을 하는 사람도 있다. 잘못을 지적하면 짜증이 얼굴에 보이는 사람도 있고, 더 배우려고 오기를 부리며 노력하는 사람도 있었다. 그렇게 다양한 사람을 만나는 것은 늘 새로운 자극이 되었다.

타인을 가르칠 때 자신도 성장할 수 있음은 실험 결과로도 증명되었다. 교육 방법과 기억력의 상관관계를 분석한 연구에 의하면[•], 의자에 앉아 수업을 들으면 5%, 읽으면 10%, 오감으로 듣고 보면 20%를 기억한다고 한다. 주제에 대해 집단으로 토의를 하면 50%를, 기억하고 연습하면 75%, 최종적으로 남에게 가르쳐 보면 90%를 기억한다는 것이다.

● The National Training Laboratories Institute의 연구 결과.

끝까지 가 보는 경험

또 다른 아웃풋 방법은 '일의 끝까지' 가 보는 것이다. 회사는 결과로 말하는 곳이다. 한 번 정도는 시작부터 완료까지의 모든 과정에 참여해 결과를 만들어 보는 경험이 필요하다. 대부분의 회사일은 다양한 직무로 나뉘어 있고, 순차적으로 다른 사람들과의 협업으로 진행된다. 자신이 맡은 업무에만 머물지 말고 범위를 확장하여 결과가 나오는 마지막 순간까지 일해 보는 것이다.

보통 직장생활 10년 차면 일의 뼈대는 본인이 세우고, 자잘한 업무는 아랫사람에게 맡기기도 한다. 보고서의 수명이 보고를 마치는 순간에 끝나 버리는 경우가 많음을 알기에, 보고 후에는 일을 대충 얼버무리기도 한다. 하지만 단 한 번만이라도 자신이 모든 일에 주체가 되어 일을 끝낸 후 피드백 받는 마지막 단계까지 최선을 다해 보기 바란다. 그리고 반드시 최고의 결과를 만들어 보라. 목표가 +10%였다면 +30%까지 해 보고, 등수가 있다면 1등에 도전하는 것이다.

항상 그렇게 할 수는 없겠지만, 10년 차라면 그런 경험이 한 번 정도는 있어야 한다. 누군가 당신에게 "직장생활에서 최고로 황홀한 결과를 만들어 본 적이 있는가? 그것은 무엇인가?"라고 질문했을 때 당당히 대답할 수 있는 수준으로 말이다. 그 경험이 당신의 아웃풋으로 있어야 한다. 과정이 힘들고 유관부서와 오해와 다툼도 생길 수 있다. 하지만 그럼에도 최고의 끝을 만드는 경험을 해 보면 좋겠다. 최고의 아웃풋을 만들어 본 경험은 당신이 어느 곳에서 무슨 일을 하든지 엄청난 힘이 될 것이다.

* * *

끝까지 집요하게 파고들어 최상의 결과를 만들어 낸 아웃풋은 뼈에 새겨진다. 앞으로도 그런 결과를 또다시 만들어 낼 수 있다는 힘이 몸 안에 축적된다. 인풋에서 아웃풋으로 이어지는 순서는 일련의 생산과정과도 같다. 최고의 아웃풋을 이루어 냈다면 다음 인풋은 지금보다 수준이 훨씬 높아질 것이다.

부디 소처럼 일만 하지 마라. 가르쳐도 보고, 최고의 결과를 만들어 내 보라. 그 경험은 휴양지에서 찍은 허세용 사진보다 100배는 소중한, 뇌리에서 절대로 잊히지 않는 인생샷이 될 것이다.

업무분석툴로 나 객관화하는 법

◇◇◇◇◇◇◇◇◇◇◇◇◇◇◇◇◇◇◇◇◇

업무에는 여러 기법이나 도구들이 사용된다. 현재 상황을 파악해 전략을 세우거나 보고서나 제안서를 쓸 때도 마찬가지다. 경영학 기법이나 도구들은 컨설팅 회사에서 시작된 경우가 많다. 문제를 파악하고 대안을 제시하는 것이 컨설팅이기에 상대가 납득할 수 있는 논리적인 분석 방법을 이용하는 것이다.

이런 훌륭한 도구들을 업무에만 사용하지 말고 우리 삶에도 적용해 보는 건 어떨까? 회사에서 유용하게 사용하면서도, 개인의 삶에 적용했을 때 훌륭한 진단 도구가 되는 업무분석 방법을 생각해 보자.

나의 경쟁력을 알 수 있는, SWOT

가장 기초적인 분석기법이다. 강점Strength, 약점Weakness, 기회Opportunity, 위협Threat의 요소로 2×2 매트릭스를 만드는 것이다. 강점과 약점은 회사 내부적인 내용이며 기회와 위협은 외부, 즉 시장의 내용이다. 이 SWOT 분석은 너무 기본이라 요즘은 잘 사용하지 않지만 무언가를 처음 시작할 때 시장 환경과 내부를 돌아보는 전통적인 방법으로 그 효용은 여전하다. 그렇기에 팀에서 매년 경영계획을 수립을 할 때만큼은 빠지지 않고 들어간다. 그러다 보니 작년에 썼던 내용을 그대로 'Ctrl+C, Ctrl+V' 하여 일부만 바꿔 쓰는 경우도 많다.

이런 SWOT 분석을 당신의 삶으로 끌어와 보자. 분석 대상이 우리 회사의 제품, 브랜드, 서비스가 아니라 바로 '당신의 이름'이 되는 것이다. 여기서 주의해야 할 것은 장점과 단점, 강점과 약점의 차이를 헷갈려서는 안 된다는 것이다. 장점과 단점은 나 자신을 기준으로 분석하는 것이고, 강점과 약점은 타인과 경쟁 후 비교하여 알게 되는 것이다. 그렇기에 때로는 나의 장점이 외부와 비교하면 약점이 될 수도 있고, 단점이라 생각한 것이 외부에서는 강점이 될 수도 있다.

예를 들어, 나는 보고서 작성 능력을 장점이라고 생각하지만 회사 밖의 사람들과 비교하면 약점이 된다. 또 회사에서는 영어를 잘하는 편이 아니어서 단점이라고 생각하지만, 외부와 비교하면 영어를 잘하는 편이고 그것이 강점이 될 수도 있다.

자신 스스로 비교	장점	단점
타인과 비교	강점	약점

	말하는 스킬	보고서 작성 (약점)	언어 실력 (강점)
나	70	80	65
타인	70	90	50
	0	-10	+15

개인의 SWOT 분석 시, 회사를 떠났을 때 내가 뛰어들고 싶은 시장의 경쟁자를 떠올리며 적어 봐야 한다. 그래야 더 냉정하게 평가할 수 있다. 회사 안에서의 장점만을 생각하고 있다가 회사 밖 시장의 고수들을 만난 후 좌절하는 경우도 있다. 따라서 이 상태 이대로 회사 밖으로 나가면 어떤 기회와 위협을 맞닥뜨리게 될지를 냉정하게 적어 보자.

쉽게 써내려 가기 어려울 것이다. 회사 바깥 사람들과 비교하며 강점을 찾아본 적도 없고, 또 작년의 경영계획처럼 베껴 쓸 만한 것도 없기 때문이다. 그렇다면 A4 용지 한 장을 두 번 접어 네 칸으로 만들고, 제목만이라도 적어 그 종이를 항상 가지고 다니자. 좀처럼 생각나지 않던 것이 몸을 움직일 때 갑자기 떠오르는 경우가 있기 때문이다. 무한정 시간을 늘어뜨릴 수는 없으니 딱 두 주만 매일 고민해 보자. 침대 머리맡에도 종이와 펜을 놓고 잠들자. 그렇게 두 주만 몰입하면 빈칸을 꽤 많은 글로 채우게 될 것이다.

리뷰의 중요성, PDR

PDR은 'Plan-Do-Review'로 이어지는, 일련의 일하는 과정을 말한다. 상황에 따라서 PDCAPlan-Do-Check-Act라고 부르기도 하지만 간단한 형태인 PDR로 통칭하고자 한다. PDR로 업무를 분석하는 것은 아주 쉽다. 말 그대로 「계획 → 실행 → 리뷰」에 이르는 과정을 확인하는 것이다. 즉, 업무를 하기 전 제일 먼저 계획을 세우고 행동에 옮기고 그 이후에 어떤 결과가 나왔는지 확인하는 것이다.

하지만 반드시 계획부터 해야 하는 건 아니다. 직장인의 일은 매번 완전히 새로운 일을 하는 것보다 해 오던 일을 조금씩 바꾸고 개선시켜 나가는 경우가 많다. 그런 일은 리뷰를 먼저 하는 것이 좋다. 완전히 새로운 일을 할 때도 무작정 계획부터 세우기보다는 과거의 유사한 사례 등을 먼저 확인하는 리뷰가 우선이다.

나는 상품기획자로 일하면서 이 순서로 일하고 있다. 시즌이 끝난 후 판매 호조와 부진에 대한 현황과 이유를 다양한 데이터를 기반으로 분석한다.

이 분석은 순서대로 위에서 아래로 내려간다. 우선은 전체 '시즌'의 판매부터 그 아래 단위로는 티, 바지, 점퍼, 셔츠, 데님 등의 구분으로 내려가 현황을 분석한다. 그리고 티셔츠의 경우 긴팔티, 7부티, 반팔티, 민소매티, 오버핏티 등의 '형태별'로, 또 면, 폴리, 린넨, 레이온 등의 '소재별'로 분석한다. 아무 무늬가 없는 상품, 스트라이프, 프린트 등으로도 구분해 보고 프린트 기법 차이로도 구분해 본다. 작년에 판매한 캐릭터 티셔츠도 프린트의 크기, 캐릭터별 판매 차이도 분석한다. 생산 국가마다 봉제 수준이 다를 수 있기에 생산 국가별 혹은 생산 업체별로도 구분을 한다. 판매 가격별로 구분하는 것은 당연한 일이다.

마지막으로는 하나의 스타일 단위까지 내려가며 리뷰를 한다. 더 이상 쪼개기 힘든 수준까지 분해한 후, 의미가 있는 데이터를 모아 유의미한 현상을 찾아내는 것이다.

이런 리뷰가 밑바탕이 되지 않고서는 제대로 된 계획을 세울 수 없다. 리뷰나 피드백이 없이 세우는 계획은 시작부터 잘못된 장소를 파는 삽질이거나 잘 계획된 헛발질이 될 수도 있다.

이처럼 일을 했다면 '왜 이런 결과가 나왔는가?'에 대해 꼭 파악해야 한다. 회사일뿐만 아니라 우리가 어떠한 목적을 갖고 하는 일이라면 어디에든 적용해 볼 만하다. 블로그 게시물이나 유튜브에 올린 영상도 일주일 동안 조회수가 '0'이라면 그 이유를 먼저 찾아야 한다. 퀄리티가 문제인지, 검색되지 않는 제목이 문제인지, SNS에 홍보가 부족해서인지 등 계속된 실험으로 이유를 찾아야 한다.

자신을 아는 힘

'메타인지'라는 말이 있다. 쉽게 말해 내가 무엇을 알고, 무엇을 모르는지 구분할 수 있는 능력을 말한다. 대부분의 사람들은 자기가 알고, 할 수 있는 것은 어렴풋이라도 안다. 하지만 '내가 모르는 것'은 잘 파악하지 못한다. 왜 이런 결과가 나왔는지, 결과를 제대로 확인하는 습관이 없기 때문이다.

공부를 잘하는 학생은 '오답노트'를 쓴다. 틀린 문제를 다시 풀어보며 원인을 찾는다. 바둑기사는 대국이 끝나면 반드시 '복기'를 한다. 돌을 하나씩 다시 놓으며 어떤 수에서 실수를 했는지 확인한다.

자신이 '잘못한 것' '실수한 것'을 돌아보는 과정은 가슴 아프고 창피하다. 그렇다고 이를 그냥 넘겨 버리면 문제의 원인을 영영 찾지 못하게 된다. 비슷한 실수가 또 발생하면 즉흥적으로 순간을 모면하려 한다. 번번이 후회하면서도 잘못을 예방하는 행동은 하지 않는다. 그렇게 시간이 흐르면 자신이 무엇을 모르는지도 모르는 상태로 굳어 버린다.

메타인지를 늘릴 수 있는 가장 쉬운 방법이 바로 '리뷰'다. 공부라면 복습이고, 바둑이면 복기다. 개인의 일상에서는 무엇일까? 개인이 하기 가장 쉬운 리뷰는 일기를 쓰는 것이다. 책상에 앉아 경건한 마음으로 하루를 돌아보며 쓸 필요는 없다. 굳이 자아비판적으로 쓸 이유 또한 없다. 그저 노트에 메모하듯이 오늘을 리뷰하면 된다. 많은 책들이 일기 쓰는 방법이라며 양식을 제시하기도 하지만 굳이 이 틀에 얽매일 필요는 없다. '하루 다섯 줄'만 쓰면 족하다. 너무 양이 적으면 날림이 될 수 있기에 최소한의 양을 정해 놓는 것이다.

다하리: 다섯 줄 하루 리뷰

> "출근시간 동안 독서를 하려고 책 한 권을 가방에 챙겼다. 하지만 손흥민의 골 장면 동영상을 보다가 유튜브 자동재생의 덫에 걸려 회사에 도착할 때까지 핸드폰만 봤다. 계획 실패다. 그냥 아예 포기하고 맘 편히 유튜브의 개미지옥을 즐길까? 아니다. 내일 다시 한번 시도하자."

우리는 쇼핑몰에서 물건을 사고 상품평을 남긴다. 그 대가로 적립금을 받기도 한다. 이처럼 당신이 소비한 하루에 대해 리뷰를 남긴다고 생각하면 마음이 편할 것이다. 하루 리뷰의 대가는 적립금 수준이 아니다. 인생의 방향 자체를 조금씩 변화시키는 커다란 선물이 된다. 단순히 하루 동안 있었던 현상을 나열하지 말고, 인상 깊었던 한 가지 사건에 대한 생각과 감정을 글로 써 보자.

노트에 펜으로 적는 것이 좋지만 부담스럽다면 SNS나 블로그의 '나만 보기' 기능으로 써도 좋다. SNS는 '과거의 오늘'을 보여 주는 기능이 있어서 예전에 했던 글을 쉽게 다시 볼 수도 있다. '내가 이런 유치한 생각을 했구나.' 혹은 '지금은 이렇게 성장했구나.'처럼 매일매일 자극이 될 것이다.

일기를 쓰는 것은 회사에서 과거의 매출 데이터를 일자별로 뽑아 놓는 것과 같다. 과거의 데이터가 쌓여 있어야만 의미 있는 인사이트를 뽑아 낼 수 있다. 데이터 없이는 인공지능도 생겨날 수 없다. 개인의 행동 그리고 생각이 담긴 누적된 데이터는 자신을 제대로 돌아보는 데 큰 도움이 된다. 만약 '다섯 줄 하루 리뷰'가 습관으로 단단히 굳어지면 당신은 곧 계획을 세우고 싶어질 것이다. 당신의 행동은 다섯 줄 리뷰를 넘어 자연스럽게 내일의 계획, 한 달의 계획, 올해의 계획으로 확장될 것이다.

* * *

직장인들의 메타인지는 생각보다 낮다. 회사 밖의 상황을 안다고 말은 하지만 그 냉혹함을 이해하지 못한다. 또 현재 회사에서 하는 자기의 일과 능력을 과대평가하기도 한다. 회사가 준 계급장을 뗀 자신의 모습을 냉정하게 돌아본 경험이 없기 때문이다. 평일 퇴근 이후에는 쉬기 바쁘고, 주말에는 일주일간 힘들게 일한 나에게 힐링을 선물하느라 또 바쁘다. 그렇기에 자신을 돌아볼 시간은 더더욱 없다.

메타인지가 낮은 또 다른 이유는 평가를 남에게 맡겨 버리기 때문이다. 직장인은 늘 평가를 받고 그 평가는 대부분 상사로부터 이루어진다. 일도 위에서 아래로 떨어진다. 남이 시킨 일을 하고 평가도 남이 하는, 수동적인 삶이 반복되면서 성찰하는 능력을 잃어 간다. 특히 잘해도 긍정적인 피드백이 없고, 평가에 대한 보상도 작기 때문에 스스로 돌아볼 필요조차 점점 없어진다.

나의 SWOT를 분석해 보고, 「계획 – 행동 - 리뷰」라는 기본적인 업무 프로세스를 당신의 삶에도 적용해 보라. 가장 중요한 것은 리뷰이고 그 시작은 '다하리(다섯 줄 하루 리뷰)'면 충분하다. 꾸준한 '다하리'는 당신의 삶에 긍정의 사이클을 만들어 줄 것이다.

강요는 하지 않겠다. 아니 할 수도 없다. 이 책은 언젠간 회사생활이 끝날 것을 알지만 아무런 행동을 하지 않는 이들을 위한 가이드북일 뿐이다. 늘 그렇듯 선택과 행동 그리고 결과는 모두 본인의 몫이다.

컴퍼니 칼리지를 만들어라

◇◇◇◇◇◇◇◇◇◇◇◇◇◇◇◇◇◇◇◇

TV 프로그램에서 각 연령대별로 '인생에서 후회되는 일이 무엇인지' 설문조사한 것을 본 적이 있다. 남자는 십 대부터 오십 대까지 모두 '공부 좀 더 할걸'을 1위로 꼽았다. 여자도 십 대부터 사십 대까지는 '공부를 하지 않은 것'을 가장 후회한다고 했다. 사실 좀 놀랐다. 사람들이 싫어하는 것 중 하나가 공부라고 생각했기 때문이다.

대한민국 대부분의 사람들은 좋은 대학에 가는 것과 좋은 회사에 취업하는 것을 목표로 공부한다. 그리고 취업과 동시에 배움을 멈춘다. 나 역시 그랬다. 목표 점수를 넘기자마자 토익책을 모두 버렸던 기억이 난다.

회사에서는 어떨까? 직무에 따라서는 직장생활을 하면서 끊임없이 배워야 하는 분야도 있다. 기술 발전이 빠른 IT, 과학, 의학 분야가 대표적이다. 내가 아는 어느 개발자는 거의 매주 스터디 모임에 참석한다. 또 해외 포럼을 지속적으로 모니터링하며 개발언어를 배운다. 배우지 않고 가만히 있으면 뒤처지는 것이 피부로 와닿는다고 한다.

요즘은 회사 내부적으로 직원들이 계속해서 배워 나갈 수 있도록 교육 프로그램을 제공한다. 하지만 그 분야가 다양하지는 않다. 52시간으로 근무시간이 줄어들며 업무 성과 중심 교육으로 바뀌고 있다. 폭넓은 배움을 실현하기 위해서는 개인의 노력이 절실한 상황이다.

신입사원에게는 사수가 있다. 사수는 우연히 가게 된 팀의 선임인 경우가 대부분이다. 그 사람이 일을 잘하는지 못하는지 모르고, 평판과 인성이 어떤지는 더욱더 알 수 없다. 만약 업무를 대충 가르쳐 주고 닦달과 인격모독을 일삼으며 일만 던지는 사람을 사수로 만났다면 어떨까? 회사생활의 시작이 '우연에 의한 필연적 고통'이 되어 버린다.

이제 10년 차가 된 당신은 그 시기를 오래전에 겪었다. 회사 내 인적 네트워크도 생겼을 것이고, 일도 막힘 없이 쳐낼 수 있는 수준이 되었을 것이다. 반면 배움에 대한 의욕은 초등학생보다 낮은 수준으로 떨어진 상태일 수도 있다.

당신이 설립한 회사 대학

당신이 회사를 계속 다니든 아니든 배움은 계속되어야 한다. 배움이 정체된 당신에게 '컴퍼니 칼리지Company College' 설립을 제안한다.

회사 대학을 만드는 것은 어렵지 않다. 우선 한 학기 일정을 3개월 정도로 잡고 개강일과 종강일을 정해 보자. 그리고 더 배우고자 하는 직무나 역량을 골라 보자. 딱 두 과목 정도만 개설하자. 만약 회사 밖에서 하고 싶은 일에 필요하다고 생각해서 '소셜 마케팅'과 '회계'를 골랐다고 하자.

그다음은 커리큘럼을 짜는 것이다. 커리큘럼은 질문을 바탕으로 짜면 된다. 소셜 마케팅의 트렌드는? 우리 회사의 소셜 마케팅 전략은? 비용은? 대행 업체를 쓴다면 그 업체는 어디? 요즘 핫한 성공 케이스는? 참고할 만한 좋은 책은? 외부 전문가는? 이렇게 머릿속에 떠오르는 질문을 마구 적어 보고, 그 질문들을 다시 정리하면 당신이 배우고 싶은 것들, 즉 학습 커리큘럼이 된다.

이 세 가지를 결정하는 것은 오래 걸리지 않는다. 그냥 본능대로 해도 된다. '나 이런 거 알고 싶었는데.'라는 의식의 흐름을 따라가도 된다.

중요한 건 교수를 초빙하는 일이다. 우선 타깃 교수진을 고르자. 마케팅팀의 소셜 담당 실무자나 파트장이 타깃이 될 것이다. 회계라면 좀 더 넓은 시야로 가르쳐 줄 수 있는 파트장 정도가 좋다. 조금이라도 그 팀과 함께 일을 해 봤거나 아는 사람이 있다면 바로 얼굴이 떠오를 것이다. 그렇지 않다면 마케팅팀과 일을 해 본 사람에게 물어보면 된다. "당신이 회사를 차렸고 마케팅팀에서 한 명을 뽑아야 한다면 누구와 일하겠습니까?" 이 질문은 단순히 일을 잘하고 못하고의 수준을 넘어서 그 사람의 태도와 사고방식까지 알 수 있다.

그렇게 교수님을 선택했다면 영업을 해야 한다. 여기에는 설득과 협상의 능력이 필요하다. 조금이라도 일면식이 있다면 점심을 같이 먹으며 이야기를 꺼내면 된다. 아예 모르는 사이라면 정중히 메일을 보내 보자.

'김 차장님이 우리 회사에서 소셜 마케팅의 일인자라고 들었습니다. 제가 관심이 있는 분야이고 궁금한 것이 좀 있어서 그런데, 금주 금요일 오후 3시에 시간 좀 내주실 수 있으신가요? 30분 정도면 됩니다.'

이 정도로 정중히 쓰면 된다. 상대를 존중하고 높이며 당신이 필요한 것을 얻어야 한다. '이 사람은 내가 반드시 교수로 초빙한다.'라는 심정으로 만나야 한다.

만약 당신의 영업이 성공했다면 강의 시간표를 짜면 된다. 상대의 스케줄을 적극 감안하여 날짜와 시간을 유연하게 정하면 된다. 더욱 더 풍성하게 배우고 싶다면 교재를 고르자. "혹시 읽으신 책 중에서 딱 한 권만 추천해 주신다면 뭐가 좋을까요? 저도 좀 읽어 보고 싶어서요."라고 물으면 된다.

수업은 질문을 바탕으로 짜 놓은 커리큘럼대로 진행하면 된다. 미리 질문 내용을 이야기해 주는 것도 좋지만 상대가 부담을 느끼지 않게 하는 것이 더 중요하다. 꼭 커리큘럼대로만 할 필요도 없다. 컴퍼니 칼리지라고 이름을 붙이고 학기 초 시간표를 짜두라 말했지만 진짜 수업처럼 해서는 곤란하다. 너무 딱딱하게 '배움'이라는 형식에 얽매이지 말자. 그저 커피 한잔 하면서 캐주얼하게 묻고 답하고 들으면 된다. 가끔은 꼭 소셜 마케팅 이야기가 아니어도 된다. 자연스럽게 경쟁사 마케팅 비하인드 스토리라든가 퇴사 후 하고 싶은 일에 대한 이야기가 나올 수도 있다. 그래도 상관없다. 때로는 그런 살아 있는 이야기가 더 큰 배움이 된다.

매번 미팅이 끝나면 피드백을 잊어서는 안 된다. "소문이 진짜네요. 역시 김 차장님이 우리 회사 마케팅의 짱이네요. 정말 큰 도움이 되었어요." 같은 감사와 진정성을 담은 메시지를 전달하자. 가끔 밥을 사는 것도 좋다. 사람은 함께 식사를 하면 유대감이 깊어진다. 감사는 표현해야 하고 그 표현은 반드시 다른 모습으로 되돌아온다.

이제 컴퍼니 칼리지의 종강일이 보인다. 석 달간 '소셜 마케팅'을 배웠다면 기말고사를 봐야 한다. 문제 출제자는 바로 당신이다. 그동안 문답식으로 배운 것, 책을 읽은 것, 거기에 당신의 생각을 더한 레포트를 쓰면 된다. 주제는 자유다. 듣고 읽어서 알게 된 인사이트를 아웃풋으로 만들어 보라. 단, 레포트이기에 분량과 마감은 지키자. A4 용지에 기본 자간에, 글자 크기는 10포인트로, 세 페이지만 써 보자. 기간은 열흘이면 된다.

과목명	소셜 마케팅
개강일	2019년 10월 01일
종강일	2019년 12월 31일
교수	마케팅팀 파트장 김 차장
커리큘럼	1. 소셜 마케팅의 트렌드는?
	2. 우리 회사의 소셜 마케팅 전략은?
	3. 대행사의 비용과 업무 분야는?
	4. 국내 소셜 마케팅의 Best 사례는?
	5. 참고할 만한 책은? 추천 개론서 및 실전서는?
	6. 외부 전문가는 누가 있나?
	7. 페이스북, 유튜브, 인스타그램 각각의 장단점은?
	8. 기업 소셜 마케팅과 개인 마케팅의 차이점은?
	9. 인플루언서 마케팅의 장점과 단점은?
	* 커리큘럼 지속 업데이트
기말고사	우리 회사 소셜 마케팅의 현황과 나아갈 방안 레포트 작성
	글자 크기 10포인트, A4용지 3장 분량으로 작성 후 블로그 및 SNS 업로드
종강파티	소셜 마케팅 ** 업체 대표 공개 강연 참석

그리고 그 내용을 블로그에 올리거나 SNS에 포스팅하자. 이렇게 기말고사로 레포트를 마무리하면 해당 학기는 졸업이다.

* * *

모든 과정이 끝났다면 당신만의 종강파티를 열자. 이 분야 고수의 공개강연에 참석하는 것으로 갈음해 보자. 회사에서의 배움은 한정적일 수밖에 없으니 눈을 밖으로 돌려야 한다. 필드의 고수들에게서는 지금껏 회사 다니며 느껴 본 적 없는 더 큰 자극을 받게 될 것이다.

컴퍼니 칼리지의 목표는 명확하다. 회사를 벗어나서도 떳떳한 나로 설 수 있는 공부다. 이 시간이 쌓이면 회사 안에서도 그리고 회사를 떠나는 순간에도 불어오는 강풍에 쉬이 날아가지 않을 것이다.

성공한 사람을 좇지 마라

◇◇◇◇◇◇◇◇◇◇◇◇◇◇◇◇◇◇◇◇◇

우리는 때로는 영웅을 필요로 한다. 누군가가 이뤄 낸 성공의 발자취에 내 인생의 푯대를 꽂아 놓고 그것을 따르려 한다. 우리는 그들을 '성공자'라고 부른다. 사실 성공의 기준은 매우 주관적이다. "나는 꼭 10년 후에 성공할 거야. 두고 봐라."라고 말하는 사람에게 성공이 무엇이냐고 묻는다면 머리를 긁적일지도 모른다. 그만큼 '성공'이라는 단어는 한 가지 의미로 정의 내리기 어렵다.

아주 일반적으로 접근해 보자. 우리가 흔히 말하는 성공자는 무언가를 이루어 낸 사람이고, 그 대표적인 것이 '금전적 성취'다. 돈을 많이 번 사람을 성공한 사람이라고 부른다는 것이다. 반면 헌신과 봉사로 사회적으로 인정받는 사람도 많다. 그들에게 존경을 표하긴 하지만 '성공했다'라고는 잘 하지 않는다.

〈울지마 톤즈〉라는 영화로 알려진 고 이태석 신부님은 아프리카의 가난한 사람들을 위해 평생을 바쳤다. 많은 사람들이 그의 희생과 헌신에 감동한다. 하지만 그가 성공했다고 말하지는 않는다. 슈바이처

박사나 테레사 수녀님의 숭고한 희생정신 역시 모두가 칭송하지만, 냉정히 말해서 우리는 그분들을 '성공자'라고 하지는 않는다.

돈 이외에 명예, 지위, 권력도 성공의 기준이 될 수 있지만 결국 '돈'이 빠지면 성공자라 부르기 애매해지는 게 사실이다. 가난한 권력자를 두고 존경한다는 말은 할 수 있겠지만 성공했다고 부르기는 쉽지 않을 것이다. 이런 구분을 세속적이라 할 수도 있다. 하지만 냉정히 가슴에 손을 얹고 생각해 보자. 무엇이 현실인지 말이다.

성공자의 길에 놓인 함정

"성공한 창업자와 그가 걸어온 길은 미디어에 의해 실제보다 쉬운 것처럼 미화되곤 한다."

미국 실리콘밸리의 창업투자회사 'Y combinator'의 공동 창업자인 제시카 리빙스턴Jessica Livingston의 말이다. 그렇다. 성공한 사람들의 삶은 미디어에 의해 각색되기 쉽다. 그렇기 때문에 많이 알려진 성공자의 발걸음을 그대로 받아들이고 따라 걷는 것은 위험할 수 있다.

실제로 이들 대부분은 성공한 상태에서 대중에게 알려진다. 첫걸음을 내디딜 때나 험난한 길을 걸어가는 과정 중엔 아무도 관심이 없고 당연히 알려지지도 않는다. 사람들은 그가 이룬 업적과 부에만 초점을 맞춘다. 대한민국은 특히나 더욱 그렇다. 그가 어떤 과정을 거쳐 왔는지에 대해서는 짧게 언급될 뿐이다. 힘들었던 밑바닥 시절은 지금의 성공과 비교해 현재를 더 돋보이게 하는 장치로만 사용하는 경우도 많다. 더 극적으로 보이도록 말을 살짝 바꾸는 것은 차라리 양반이다. 없는 이야기를 거짓으로 꾸며 낼 때도 있으니 말이다.

성취에 도달하고 나서 지나온 과정을 아름답게 바꾸는 일은 너무나도 흔하다. 그 과정에 썩은 냄새가 진동을 하더라도 '성공'이라는 향기로 덮어 버리면 그만이다. 범죄로 이뤄 낸 성공만 아니면 추악한 일이 있더라도 그 악취는 곧 사라지게 만들 수도 있다.

미디어에 의해 성공자의 삶이 윤색되기도 하지만, 성공자 스스로 자신의 과거를 꾸며 내기도 한다. 거듭된 스포트라이트는 자신의 과거를 더 멋지게 만들고 싶은 유혹을 불러온다. 과거에 공동 창업자와 서로를 욕하고 파벌을 만들어 법적 소송을 벌이다 찢어졌다 해도, "서로의 미래를 응원하며 각자의 길을 가기로 원만히 합의했다."라고 표현하면 된다.

또 할 줄 아는 것이 하나밖에 없어서 먹고살기 위해 지겹지만 한 가지 일을 계속하다가 우연히 운이 좋고 때가 맞아서 큰 성공을 거두었다고 하자. 이런 경우도 "돈보다는 정말 재미있는 것, 내가 천직이라고 생각하는 것, 내가 원하는 것을 열정을 가지고 해서 성공하게 되었다."처럼 바뀌기 일쑤다.

이는 '확증편향'과도 관련이 있다. 우리는 자신이 믿기로 선택한 것과 일치하는 정보만 받아들이는 경향이 있다. 조금 잘못된 것이 있어도 '성공한 사람'이라는 큰 위세에 눌려 작은 잘못에는 눈을 감는다.

성공하기 위해 노력하다 보면 그 정도의 흠결은 어쩔 수 없다고 여기는 것이다.

성공자의 삶이 미화되는 이유

이렇게 미디어에 의해 윤색되는 이유는 바로 '상품성' 때문이다. 앞서 설명했듯 '극적인' 내용이 있어야 미디어에 실릴 만한 상품성이 생긴다. 그래서 따라가기 힘든 커다란 부를 이룬 사람이 조명되고, 성공의 과정보다는 결과만 강조되는 것이다. 오랜 기간 새벽부터 밤까지 고통을 이겨 내고 노력해 상품을 개발하고, 열심히 알려서 성공했다는 스토리는 너무 평범하다. 그래서 미디어는 그 과정에서 사람들이 혹할 만한 포인트를 찾아내고 그것을 뻥튀기해 말하곤 한다. 수많은 외부 조건들, 그리고 '운'과 '우연'의 힘을 외면한 채 말이다.

성공자들이 일부러 충분히 설명하지 않는 경우도 있다. 보상심리 때문에 스스로를 포장하고 싶다거나, 그동안 쏟아부은 처절한 노력을 곧이곧대로 말하고 싶지 않은 것이다. 그런 치열한 노력이 진짜 성공의 이유라고 해도 사람들은 인내, 통제, 노력처럼 불편한 단어가 난무하는 성공스토리는 받아들이고 싶어하지 않는다. 당연한 것 말고 뭔가 대단한 비법 같은 진짜 성공의 이유를 말해 보라고 한다. 그래서 차라리 그럴듯한 이유를 대고 마는 경우도 있다.

그럴 때 가장 많이 사용되는 것이 바로 '열정'이다. 열정은 '나도 할 수 있다.'라는 기분을 고양시키기에 좋은 재료다. 환경에 영향받지 않고 온전히 개인의 노력으로 가능한 것이기에 더욱더 그렇다. '열정'이라는 단어는 마법과 같아서 세상 누구에게 들이대도 어색하지 않고 반박하기도 쉽지 않다. 남녀노소를 막론하고 쉽게 받아들여질 수 있는 것이 바로 이 '열정'이다.

생존자 편향의 오류

2차 세계대전 당시 미군은 전투기의 격추 확률을 줄이기 위해 돌아온 전투기들을 조사했다. 총상 입은 부분을 살펴보고 공격에 취약한 곳을 집중적으로 보강하려고 했다. 조사결과 가장 많이 공격당한 곳은 날개와 꼬리 부분이었다.

하지만 한 연구원이 반론을 냈다. 적국의 총탄으로 기체 전체에 총상을 입을 확률은 거의 비슷하며, 돌아온 전투기 조종석과 엔진에 총탄 흔적이 없다는 것은 그 부분을 공격당하면 결국 추락해 돌아오지 못해서라는 것이다. 즉, 돌아온 전투기만 살펴보는 것은 마치 부상을 입은 채 살아 돌아온 병사를 확인한 후 부상이 팔다리에 몰려 있으니 팔다리용 갑옷을 만들자는 것과 같다. 머리나 가슴에 총상을 입으면 사망해서 돌아오지 못한다는, 보이지 않는 단순한 사실을 무시한 것이다.

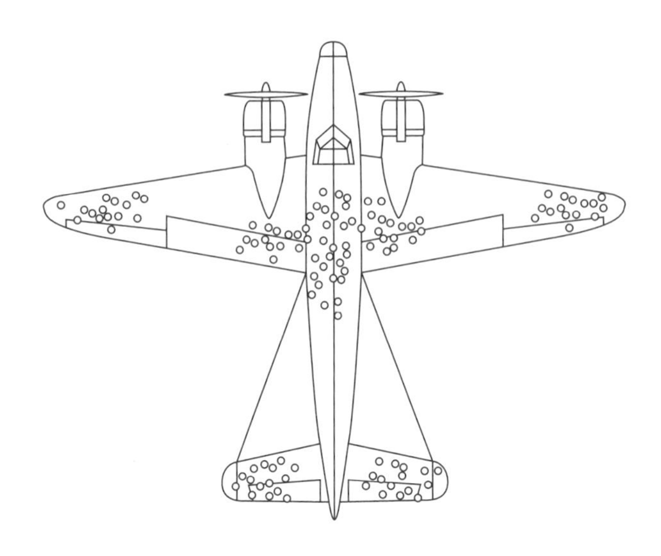

성공자의 이야기를 다룬 대부분의 책들은 이와 같은 생존자 편향, 아니 성공자 편향의 오류에 빠지는 경우가 많다. 공통적인 성공 이유를 추려내서 그것이 곧 성공의 방법이라고 말하는 것이다.

아이러니한 것은 누군가에겐 성공의 요인이 누군가에겐 실패의 이유가 되기도 한다는 점이다. 어떤 사람은 재미를 좇으니 성공이 따라왔다고 하고, 다른 사람은 재미는 없어도 참고 꾸준히 한 것이 성공의 이유라고 말한다. 타이밍도 마찬가지다. 3년 전의 성공 노하우를 지금 그대로 따라 한다면 그것이 곧 실패의 원인이 될 수도 있다.

이처럼 성공한 사람의 공통점은 찾을 수 있겠지만, 그것이 성공의 이유라고 단정짓는 것은 어려운 일이다. 성공은 한 가지 결정적인 이유만으로 이룰 수 있는 것이 아니기에 "어떻게 성공할 수 있었는가?"라는 질문에 바로 "이것이다."라고 답하는 것은 쉽지 않다. 성공은 실력, 기술, 타이밍, 인내, 조력자, 시대 흐름, 환경적인 이유 등 많은 요소가 복잡하게 얽히고설켜서 꽃을 피운 것이다.

나의 눈높이에 맞는 성공자 찾기

무언가 대단한 업적을 이루어 낸 사람은 당신도 이미 아는 뻔한 이야기를 해 줄 가능성이 높다. 당신의 상황에 맞는 적합한 이야기를 해 주기 어렵다. 차라리 하루하루 성실히 한 걸음씩 최선의 노력을 다하는, 실력자를 만나는 것이 낫다.

당신에게는 당신의 이야기를 경청해 주고 지금 상황에 맞는 구체적인 조언을 해 줄 수 있는 사람이 필요하다. 도대체 그런 사람을 어떻게 만나냐고 물어볼 수 있을 것이다. 관심 가는 분야가 있다면 그 분야에 대해 책을 쓴 사람이나 소셜 미디어에서 활동하는 사람을 찾을 수 있다. 그들에게 메시지나 메일을 보내거나 게시물에 진심을 담은 댓글을 남겨도 좋다. 혹은 강연을 듣고 난 뒤 잠시의 창피함을 무릅쓰고 인사를 나눈 다음 관계를 시작해도 된다.

그들과 관계를 맺고 교류를 하면 삶에 지속적인 에너지를 받을 수 있다. 일방적으로 도움을 받기만 하는 것이 아니라 내가 그로 인해 성장함으로써 그도 남을 성장시키는 기쁨을 얻게 될 것이다.

* * *

성공한 이들의 삶은 성공 이후 아름답게 포장되어 평범한 사람들의 인생을 망칠 수도 있다. 성공자에 대한 무조건적인 추종은 스스로를 별것 아닌 나약한 존재로 인지하게 만들 위험성이 있기 때문이다. 세상에는 성공한 듯 보이는 사기꾼들이 많다. 성공신화는 한 발짝 떨어져서 보아야 한다.

◇◇

우리는 그렇게 조금씩 변화할 수 있고 더 나아질 수 있다. 내 생각을 양식장에 가두지 말자. 타인의 생각으로 양식되는 물고기가 되지 않기를 바란다.

◇◇

회사에서 나로 살기

하루 종일 정신없이 바쁘게 일하고 집에 돌아와 잠자리에 누웠을 때, '오늘 뭐했지? 아무것도 한 게 없는 것 같은데.'라는 생각이 들 때가 있다. 분명히 엄청나게 바빴는데 한 일은 없는 것 같은 느낌이 든다. 그 이유는 머릿속이 복잡하게 얽혀 있기 때문이다. 그때 필요한 것이 바로 비워 내는 시간이다.

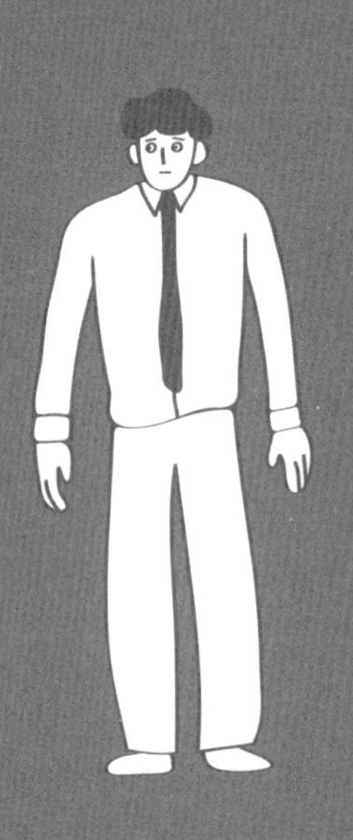

귀한 의견 주셔서 감사합니다

◇◇◇◇◇◇◇◇◇◇◇◇◇◇◇◇◇◇◇◇

우리는 나를 잘 알고 있다고 생각하며 살아간다. 하지만 그것은 주로 부정적인 것에 초점이 맞춰져 있다. '나는 어떤 일을 잘하고, 어떤 일을 할 때 즐겁다.'보다는 '나는 소심하고, 남의 시선을 의식하고, 무언가를 해낼 자신이 없는 사람'이라고 평가하는 것이다.

우리는 생각보다 나를 잘 모른다

나는 파트장 심사 때 다면평가를 받은 적이 있었다. 동료, 후배, 상사 그룹으로 나누어 각각 두 명씩, 40여 개 항목에 대해 평가를 받았다. 그 평가결과지를 놓고 팀장급인 세 명의 심사관들이 면접을 진행했다. 첫 심사에서는 보기 좋게 떨어졌다. 당시 팀 실적도 나쁘지 않았고 팀장대행의 경험도 있었고 평판도 나쁘지 않았기에 충격이 매우 컸다. 그날 동기와 함께 소주를 꽤나 많이 마셨다.

그리고 다음날, 나를 면접 보았던 팀장들에게 메일을 보냈다. '내가 떨어진 것이 솔직히 이해되지 않는다. 하지만 분명 부족한 부분이 있었을 테니 그 부분을 알려 달라. 그래야 고칠 수 있고 다음 면접도 잘 준비할 수 있을 것 같다.'라는 내용이었다. 메일을 보낸 후 전화 통화까지 하고 한 분씩 찾아가 정중히 물어보았다.

떨어진 이유는 세 가지였다. 먼저 동료, 후배의 평가와 상사의 평가가 서로 일관되지 않은 것이었다. 동료, 후배 그룹은 좋은 평가를 해 주었지만 상사 그룹의 평가는 낮았다. 그리고 잘하는 부분과 못하는 부분이 두 그룹 간에 상충되었다. 잘못된 지시가 있으면 후배들을 대신해서 의견을 전달했고, 삽질하는 것이 싫어서 시킨 그대로 일하기보다 조금씩 다른 방법을 제시했었다. 이는 팀워크를 떨어뜨린다는 평가로 돌아왔다.

또 다른 이유는 '성과를 거둔 경험이 무엇인지 명확히 모르겠다.'라는 것이었다. 이 피드백을 받고 느낀 점은 내가 쓸데없이 너무 겸손했다는 것이다. '나 정도 일을 하면 다 알아주겠지. 굳이 어필하고 드러낼 필요는 없을 거야.'라고 생각한 것이 오산이었다. 면접관들은 평가지와 30분간의 면접으로만 나를 평가할 수밖에 없었다. 그 짧은 시간 동안 성과와 능력을 충분히 드러내지 못했던 것이었다.

마지막은 회사 내부 사정이라는 현실적인 이유에서였다. 당시 우리 본부 내에 파트장의 자리가 한정적이었고 다른 팀에는 파트장이 한 명도 없었기 때문에 밀린 것이었다.

넉 달 후, 다시 파트장 면접을 보았다. 예전보다 직책별 다면평가에서의 차이는 줄어들었고, 서로 다르게 평가하는 부분을 미리 파악해 그 개선점에 대한 답변을 준비했다. 그리고 팀장 대행을 했던 반년간 팀원들과 함께 만들어 냈던 성과에 대해 이야기했다. 결과는 합격이었다.

이 일을 통해 깨달은 것이 있었다. 내가 나에 대해 '제대로' 알고 있어야 한다는 것. 그리고 내가 생각하는 나와 남이 생각하는 나는 다를 수 있다는 것. 마지막으로는 내가 앞으로 뛰어야 할 필드와 포지션에 필요한 능력을 미리 갖춰야 한다는 것이었다.

나를 설문조사해 보자

나를 제대로 아는 메타인지를 갖추는 것은 중요하지만, 이는 쉽지 않은 일이다. 이럴 때 필요한 것이 바로 피드백이다. 하지만 우리가 회사에서 받는 피드백은 한정적이다. 특히 10년 차라면 피드백을 받기 상당히 애매한 위치다. 3년 차 이하는 아직 배우는 시기라 상사나 선배들에게 직접 피드백을 받으며 성장할 수 있다. 하지만 중간 직급의 경우 업무적 조언은 상사의 것을 제외하고는 거의 없다. 상사의 피드백도 예전처럼 문제의 핵심을 찾아 짚어 주는 것이 아니다. "김 과장, 너 몇 년 차냐? 그걸 꼭 말로 해야 알아?" 같은 타박에 가까울 것이다. 이렇게 건전한 피드백이 거의 없는 상태라면 자신을 제대로 되돌아보지 못하고 발전이 멈춰 버릴 수도 있다.

이런 사람들에게 제안하는 것이 하나 있다. 나에 대한 설문조사를 벌여 피드백을 받는 것이다. 기업에서 상품 구매의사 등을 파악할 때 사용하는 설문조사를 나라는 사람을 대상으로 해 보는 것이다. 나는 3년마다 한 번씩 '손성곤'이라는 인간에 대한 설문조사를 한다. 처음에는 엑셀로 질문표를 만들어 프린트한 후 동료들에게 나눠주고 피드백을 받았다. 초기의 질문은 간단했다.

'당신이 생각하는 손성곤의 장점은 무엇이고, 단점은 무엇인가요?'

가까이에서 3년 이상 함께 일했던 사람들에게만 요청한 설문이었다. 응답 내용은 예상과 크게 다르지 않았다. 나도 이미 알고 있는 내 모습뿐이었다. 그 누구도 직설적으로 말해 주지 않았다. 또한 회사에서 일하는 모습으로만 나를 보아왔기 때문에 답변 내용도 비슷비슷했다.

그래서 두 번째 설문은 내용을 조금 바꾸고 설문의 대상도 넓혔다. 우선 크게 세 그룹으로 나누었다. 직장동료를 기본으로 했고, 사회생활을 하며 회사 밖에서 만난 사람들, 마지막은 가족들과 학창시절 친구를 넣었다. 설문 방법도 어른들에게만 종이 설문지를 드렸고, 나머지는 모바일이나 PC로도 답변 가능한 웹 설문지를 사용했다. 그리고 설문조사의 이유를 서두에 설명해 두었다. 나에게 얼마나 중요한 일인지 알려야 했다.

"본 설문은 인간 손성곤의 인생설계를 위한 것입니다. 여러분에게 비치는 저의 모습 그대로를 알고 싶습니다. 그래야만 내가 아는 나와 남이 아는 나 사이의 차이를 깨달을 수 있습니다. 응답자 정보는 익명으로 처리되어 저는 절대 알 수 없으니, 손성곤이 조금 더 나은 인간이 될 수 있도록 3분만 시간을 내 주십시오."

설문 내용도 바꿨다.

- 어릴 적 손성곤은 어떤 것을 잘했나요? 흥미를 느끼고 열심히 했던 일은 무엇인가요? (가족, 학창시절 친구들만 답변해 주세요.)
- 회사에서 손성곤은 어떤 일을 가장 잘한다고 생각하시나요?
- 지금 당신의 손에는 알약이 하나 있습니다. 이 약을 먹으면 단점 한 가지를 바로 없애거나 고칠 수 있습니다. 이 알약을 저에게 주고 고치고 싶은 것은 무엇인가요?
- 왜 그것을 고쳐야 한다고 생각하나요?
- 손성곤이 직업을 다른 것으로 바꾼다면 가장 어울리는 직업 혹은 분야는 무엇일까요?
- 왜 그 직업, 분야가 어울린다고 생각하시나요?
- 지금으로부터 5년 후, 손성곤은 과연 어떤 일을 하고 있을까요?
- '손성곤' 하면 떠오르는 이미지를 문장이나 단어로 표현해 주세요.

설문 대상을 스무 명 정도로 늘리고 질문의 폭을 넓히니 답변의 내용도 풍부해졌다.

이를 통해 타인이 보는 나의 강점과 약점을 알게 되고, 또 내가 아는 나와 남이 바라보는 내가 어떻게 다른지도 확인할 수 있었다. 특히 장점이라고 말해 준 것들이 대체로 유사했음을 보았을 때는 짜릿하기까지 했다.

* * *

설문지에 적힌 나의 모습은 보정 없이 셀프 카메라를 찍었을 때처럼 적나라하고 꽤 충격적이기도 하다. 이 방법을 시도하려는 분들께 한 가지만 덧붙이자면 상처받지 않도록 마음을 단단히 먹기 바란다. 얼굴을 보고서는 절대로 말하지 못할 뼈 때리는 말들을 설문을 통해 들을 수 있기 때문이다. 누가 이렇게 썼는지 찾아내고 싶은 충동이 들 수도 있다.

그런데 이렇게 냉정하게 피드백을 주는 사람에게 감사해야 한다. 그 사람은 당신에게 애정이 있는 것이다. 관심이 없다면 귀찮음에 대충 좋은 말만 써서 설문을 마무리할 것이다.

진심이 담긴 피드백은 몰랐던 나를 깨닫게 해 주고 더욱 성장할 수 있는 발판이 되어 줄 것이다. 우연히 듣게 되는 기분 나쁜 뒷담화가 아닌, 나의 미래를 위한 건전한 앞담화의 기분 좋은 충격을 느껴 보길 바란다.

일도 힘든데 사람까지 힘들다면

◇◇◇◇◇◇◇◇◇◇◇◇◇◇◇◇◇◇◇◇

삼성그룹 이건희 회장은 오래전 "한 명의 천재가 십만, 이십만 명을 먹여 살린다."라는 말을 했다. 천재적이고 창의적인 소수의 생각이 새로운 먹거리를 만들어 낼 수 있다는 의미이다. 최근에는 넷플릭스Netflix의 성공 비결을 담은 《넷플릭스 성장의 비결, 파워풀》에서 사람의 소중함을 찾을 수 있다.

이 책에서 말하는 넷플릭스의 성공 비결 중 하나는 "오직 최고의 성과자들만 채용해서 그들이 함께 일하도록 하는 것"이다. 능력자들로만 조직을 채워서 최고가 최고와 함께 일하는 환경을 만드는 것이 회사가 해 줄 수 있는 최고의 복지라는 것이다. "일반적인 수준의 사람을 통해 수확할 수 있는 열매는 많지 않다. 그들에게서 하나라도 더 짜내기 위해 애쓰기보다는 모든 자리를 고성과자들로 채우는 것이 현명한 길이다."라는 말은 자본주의 시스템하의 인재상의 극단을 보여 준다.

이제 회사 전체가 아닌 개인의 눈높이로 내려와 보자. 개인에게 있어서도 사람은 너무나도 중요하다. 회사에 가고 싶게 만드는 것도, 퇴사 욕구를 치솟게 만드는 것도 모두 사람 때문인 경우가 많다. 아무리 힘든 회사라 해도 마음 맞고 진심으로 서로를 이해하는 사람이 있다면 그 힘으로 회사생활을 버텨낼 수 있다. 함께 고통을 나누고 위로를 주고받으며 성장을 도울 수 있기 때문이다. 단순히 사소한 이야기를 나누는 수준이 아니라, 진심으로 깊은 곳까지 이해해 줄 수 있는 진짜 동료가 있다면 말이다.

반대로 연봉도 높고 복지도 훌륭한, 모두가 아는 회사라 해도 악마 같은 사람이 있다면 그곳은 지옥이 될 뿐이다. 다른 누군가가 자신을 찍어 놓고 괴롭히는 경우는 내가 아무리 노력해도 분위기를 바꾸기 매우 힘들다. 그 사람이 상사라면 더 이상 말이 필요 없다.

이렇듯 회사의 이익에도 그리고 개인의 원만한 직장생활에도 함께 일하는 사람은 굉장히 중요하다. 하지만 우리는 이를 종종 등한시한다. 사람이 가장 중요하다는데 사람에 대해서 공부하지 않는다. 이것은 정말 커다란 아이러니이다. 마치 부자가 되기 원하는 사람이 경제나 돈에 대해서 공부하지 않는 것과 같다.

물론 마주치는 것조차 싫은 사람을 관찰하고 분석하는 것은 치가 떨리는 일이다. 그런 당신의 마음을 이해한다. 그 사람을 바꾸기 위해 노력하라는 말은 하지 않겠다. 회사에서 다른 사람을 바꾼다는 것은 불가능하거니와 당신이 그래야 할 이유도 없다. 하지만 그 사람을 타부서로 보내거나 당신이 떠날 수 없는 상황이라면, '최소한의 관리'는 해야 한다.

관리는 사람을 관찰하는 것에서부터 시작된다. 관찰을 통해서 사람을 파악하는 이유는 하나다. 사람은 잘 바뀌지 않기 때문이다. 삼십 대 중반만 넘어도 생활 습성이 화석처럼 굳는다. 아니 그전에 이미 굳어진 경우도 많다. 그렇게 행동이 '패턴화'된다. 어떤 상황이 벌어지면 대체로 유사한 반응을 보이는 것이다. 이렇게 바뀌지 않고 굳어져 패턴화되는, 그 행동방식을 활용하면 된다.

누구에게나 패턴이 있다

정말 예측하기 어려운 사람도 긴 호흡으로 보면 패턴을 찾을 수 있다. 주가 그래프를 하루 혹은 일주일 치로만 보면 보이지 않던 패턴이, 삼 년으로 보면 우상향하는 등의 모습을 찾을 수 있는 것과 같다. 매일 그 사람만 쳐다볼 수 없기에 몇몇 중요 상황을 관찰하면 큰 도움이 될 것이다.

우선 하루 전체를 시간대별로 관찰해 보자. 대략 몇 시 정도에 출근해서 언제 커피를 한잔 하고, 언제 가장 집중해서 일을 하며, 어느 타이밍에 잠시 쉬는지. 그리고 쉴 때는 어떤 행동을 하는지 살펴보는 것이다. 오전에는 무슨 일을 하고 오후에는 어떤 종류의 업무를 몰아서 하는지도 파악하자. 또 어느 팀의 누구와 친하게 지내고 그들과 어떤 대화를 나누는지 대략적으로라도 살펴보면 좋다.

대부분의 사람은 하루 일과를 비슷하게 보낸다. 그렇기에 이를 알면 그와 대화하거나 보고하기 좋은 타이밍을 잡을 수 있다. 말의 내용 못지않게 말하는 타이밍 또한 중요하기 때문이다. '말할 때 눈치를 보고 타이밍까지 간 봐야 하나?'라는 짜증이 난다면 하지 않아도 좋다. 기분이 좋을 때 대화가 잘 풀리는 것이 기본적인 상식이기에 말하는 것이다. SNS나 유튜브도 특정 시간대에 예약 업로드를 한다. 타이밍, 즉 시의성은 때로는 내용보다 중요하다.

두 번째로 말하는 습관을 관찰해 보자. 정보를 전달할 때 의식의 흐름대로 중언부언하는지, 본인이 이해하고 해석해서 두괄식으로 명료하게 말하는지. 또 아랫사람에게 일을 시킬 때는 주로 어떤 어법을 사용하는지 볼 필요도 있다. 여기에서도 일정한 패턴을 찾을 수 있을 것이다.

특히 꾸짖을 때의 화법도 잘 살펴보자. 잘못된 점을 하나씩 짚어가며 조곤조곤 추궁하는 식인지, "정신 안 차리냐? 내 말 무시하냐?" 처럼 감정을 앞세우는지 말이다.

세 번째는 보고를 받는 모습을 관찰해 보자. 직장인에게 보고서는 제2의 언어다. 보고서를 쓰고 구두로 보고하는 순간에도 관찰이 필요하다. 자신이 먼저 질문하며 파악하는 스타일인지, 끝까지 다 들은 후에 질문하거나 의견을 말하는지 살펴보자. 또 보고서 양식이나 서식에 집착하는지, 스토리를 기승전결로 풀어가며 논리의 흐름을 중요시하는지도 파악하면 좋다.

네 번째는 긴급한 일이 발생했을 때 어떤 행동을 취하는지 관찰해 보자. 회사에서는 가끔씩 1시간 이내에 답을 내서 보고해야 하는 일이 생기기도 한다. 보통은 이 순간에 스트레스 수치가 갑자기 치솟는다. 어떤 이는 우선 욕을 하며 짜증을 낸다. 그 후에는 아랫사람을 불러서 "너 이거 비슷한 거 예전에 만들어 놓은 자료 있어, 없어?"라며 자료를 찾는다. 그러고는 일하기에 적합한 사람 옆에 앉아서 지도를 하며 짧은 시간에 일을 끝낸다. 그 패턴이 거의 변하지 않는다.

이처럼 긴급한 일 앞에서 그 일을 어떻게 배분하는지, 어떤 수준까지 자신이 직접 처리하는지, 무엇에 가장 우선순위를 두는지도 살펴보면 좋다.

다섯 번째는 일이 잘못되었을 때 어떻게 하는지 관찰해 보자. 예를 들면 예상치 못한 나쁜 결과가 나왔을 때, 매출이 좋지 않아 윗사람에게 깨졌을 때, 아랫사람이 큰 실수를 했을 때 등을 말한다. 이럴 때 어떤 식으로 원인을 분석하는지, 누구를 타깃으로 잡아 책임을 전가하고 괴롭히는지, 혹은 잘못한 대상을 찾기 어려울 때는 어떤 식으로 화를 푸는지를 봐야 한다. 그래야 막무가내로 던지는 불똥을 피할 수 있다.

이 상황은 매우 중요하다. 왜냐하면 상사와 감정적으로 충돌할 수도 있기 때문이다. 상사가 작정하고 몰아붙이는 경우엔 어느 정도 깨져 주고 창피를 당해 주는 것이 나을 때도 있다. 그냥 그가 원하는 대로 맞춰 주고 그 시간을 짧게 만드는 것이 낫다. 그렇지 않으면 감정의 골이 더욱 깊어져 계속 더 큰 복수를 하려 들기 때문이다.

여섯 번째는 사람을 평가하는 잣대가 무엇인지 보는 것이다. 단지 업무성과, 즉 KPI만 달성하면 좋게 평가하는지, 자신에게 굽실거리고 비위를 맞춰 주는 것을 선호하는지도 살펴보자. 아니면 상사와 고민을 함께 나누고 공감해 주고 당신이 틀리지 않았다는 감정적 위안을 주는 직원을 선호하는지, 자신의 수족처럼 시키는 일을 완벽히 해내는 사람을 좋게 생각하는지도 살펴볼 필요가 있다. 평가 기준을 제대로 파악하지 않으면 일은 대충하고 상사의 기분만 맞춰 주는 사람이 고과를 챙겨 가는 억울한 상황이 발생할 수도 있다.

이상의 여섯 가지는 회사 사람들, 특히 상사를 관찰하며 파악해야 할 기본적인 패턴이다. 이 패턴을 잘 읽으면 커뮤니케이션이 한결 쉬워질 것이다.

물론 때로는 그날그날의 감정 변화로 이 패턴이 무색해질 때도 있다. 아무 이유 없이 짜증을 내거나 소리를 지를 때가 바로 그렇다. 어찌 이런 모든 감정에 일일이 대응할 수 있을까? 대응이 어려운 상황이라면 전화 통화나 외부 미팅 등의 핑계를 대고 자연스럽게 자리를 피하는 것도 좋은 방법이다.

패턴의 미학

새로운 팀으로 발령받은 유 과장은 정신없이 일을 시켜 대는 본부장 때문에 매일 야근을 한다. 쏟아지는 일에 너무 힘들어하던 그는 일을 줄이기 위해 본부장의 스타일을 파악하기 시작했다. 두 달간 살펴보니 본부장은 일을 의식의 흐름대로 맥락 없이 던져 놓고 그 상황을 지켜보다 결과가 잘 나올 만한 일에만 집중하는 스타일이었다.

또 보고를 받을 때는 책의 문구를 인용하면서 아는 척하는 것을 매우 좋아했다. 대신 사람을 꾸짖을 때는 짧고 굵게 잘못한 사실만 언급하고 멈추는 패턴을 보였다.

패턴을 파악한 유 과장은 먼저 본부장이 던져 대는 일을 분류하기 시작했다. 자신에게 시킨 일을 정리해서 중요도가 낮은 일은 골라낸 후, 그 일은 하지 않든가 다른 사람에게 시키는 것은 어떻겠냐고 제안했다. 동시에 성과가 나올 만한 일을 따로 정리해 본부장 스타일에 맞춰서 한 페이지에 결론과 행동이 드러나도록 보고서를 작성했다.

보고할 때 "유 과장 기획이란 말이야~" 하며 읽었던 책을 인용해 지식 자랑 파티를 벌일 때면 고개를 끄덕이며 "아, 저는 미처 거기까지는 생각을 못했네요."라고 리액션을 하며 열심히 들어주었다. 그러고는 본부장이 말한 그 책을 한 권 사서 책상 위에 놓아 두었다.

몇 달 후, 본부장은 자기의 조언을 잘 기억하고 따르는 사람이라며

유 과장을 칭찬하기 시작했다. 나아가 마음에 쏙 들었는지 사소한 업무 실수에는 '그럴 수도 있지.'라며 크게 반응하지 않았다.

유 과장은 새로 온 상사의 일하는 스타일을 파악한 후 그와 원활하게 지낼 수 있었다. 윗사람에게 간, 쓸개 내어주며 아부를 떤 것이 아니라, 그를 관찰하고 패턴을 파악해서 거기에 맞춰 준 것이다.

* * *

사람은 쉽게 변하지 않는다. 절박한 필요를 느끼고 스스로 바뀌어야겠다고 마음먹을 때만 변할 수 있다. 삼십 대 중반만 되어도 세상의 옳고 그름을 인식하는 틀이 고정되어 버린다. 그렇기에 타인을 변화시키려는 노력은 무의미하다. 오히려 변하지 않고 굳어진 상대의 행동 습성을 활용하자. 패턴화된 행동양식을 관찰을 통해 알아내고, 거기에 맞게 대응하거나 피하면 된다.

행동양식을 파악하는 일은 회사생활을 원만하게 만든다. 사람들과의 마찰을 줄이고, 그로 인한 스트레스를 현저히 낮출 수 있다. 스트레스가 줄어들면 퇴근 이후 삶의 질까지 나아질 것이다. 사람이 중요하다면, 또 사람이 스트레스라면 우선 사람을 관찰하자.

일에서 떨어져야 내가 보인다

◇◇◇◇◇◇◇◇◇◇◇◇◇◇◇◇◇◇◇◇

'아싸'라는 말에 이어 '인싸'라는 말이 인기다. 인싸는 '인사이더 Insider'의 줄임말로 무리 안에서 적극적으로 잘 어울리는 사람을 뜻한다. 이 말은 곧 사람들이 혼자 있는 것을 두려워한다는 단적인 예다. 우리 사회는 혼자 있는 것을 남들과 어울리지 못하는, 열등한 것으로 취급한다. 또 사회성이라는 잣대를 들이대며 인성에 문제가 있다고 판단하기도 한다. 분명 다른 사람과 함께하는 시간은 우리에게 필요하다. 마음을 열고 대화를 나눌 때 상대방을 이해할 수 있으며, 타인으로부터 새로운 자극을 받고 나의 사고 범위가 넓어지기도 한다.

하지만 홀로 있는 나만의 시간 없이 지나치게 남들과 어울리는 것은 오히려 스스로를 소모시킬 가능성이 높다. 계속해서 다른 이들과 시간을 보내면 남을 의식하고 비교만 하게 될 수 있다.

결론부터 말하자면 우리에게는 혼자만의 시간이 꼭 필요하다. 혼자 있는 시간은 내가 소모되지 않도록 내면을 들여다보게 하며, 나를 좀 더 사랑할 수 있게 해 주기 때문이다.

회사에서 혼자만의 시간이 필요한 이유

회사에서는 어떨까? 회사에서도 혼자 있는 시간이 필요할까? 당연히 그렇다. 우선은 일에 매몰되지 않기 위해서 그렇다. 대기업에서 10년 차라면 팀의 중심이자 가장 많은 일을 하는 위치이다. 다른 유관부서에 협조를 구하거나 실무에 대해 논의를 하기도 한다. 팀장을 서포트하며 팀을 대표하는 중요 문서를 만드는 일도 할 것이다. 나 또한 그랬다. 갑자기 급한 일이 떨어지면 점심도 못 먹고, 화장실 가는 것도 참으며 일했다.

그러다 결국 일에 매몰되고 말았다. 하루 종일 분명히 많은 일을 한 것 같은데 밤 늦은 퇴근길이 개운치 않았다. 물을 잔뜩 먹어 무겁고 축축한 솜이불을 어깨에 두르고 다니는 느낌이었다. 급한 일들만 쳐내다 보니 정작 나에게 중요한 일을 제대로 보지 못했다. 일개미처럼 말이다. 일개미는 '한치 앞도 모르는 이 험한 세상'을 뒤로하고 땅속에서 일만 한다. 땅 위에 어떤 변화의 바람이 부는지 전혀 모른다.

일에 매몰되면 바깥의 자극을 인지하기 어렵다. 마치 경주마가 눈 옆이 가려진 채 앞으로만 달리도록 조련되는 것과 같다. 오랫동안 남에 의해 조련된 동물은 야생으로 나가면 살 수 없다. 그러나 혼자만의 시간은 일에만 빠지지 않게 도와주고, 일에서 한 발자국 떨어져 현실을 깨닫게 도와준다.

나를 위한 한 시간

혼자 있는 시간은 드론Drone의 시야를 갖게 한다. 일 전체를 한꺼번에 조망할 수 있는 눈을 갖게 해 주는 것이다. 일에서 떨어져야만 일을 제대로 볼 수 있다. 너무 가까이 있거나 매몰되어 있으면 전체를 제대로 볼 수 없다. 많은 직장인들이 스스로를 부품이라고 부르면서도 자기가 부품으로 있는 기계가 무엇인지 모르는 경우가 많다. 전체의 모습을 알지 못하는 것이다. 이럴 때 우리에게는 드론의 시선이 필요하다.

5월의 봄, 한강변은 아름답다. 드론으로 하늘에서 전체를 조망하면 그 아름다움은 배가 된다. 강변, 꽃밭, 여러 갈래로 뻗어 있는 도로들, 그리고 그 안의 내 모습까지 한눈에 볼 수 있다. 차가 막히는 도로 한가운데 운전석만큼 답답한 곳도 없다. 하지만 드론의 눈을 가지고 있다면 높이 날아올라 길 전체를 조망할 수 있게 된다. 현재 교통상황이 어떤지, 어떤 길이 막히고 또 어떤 길이 뚫리는지 모두 볼 수 있다.

회사일과 사람에게만 파묻히면 높은 곳에서 멀리 바라볼 수 없다. 그럴 때면 의도적으로 혼자만의 시간을 가져야 한다.

매일 혼자만의 시간을 만들어 내기는 힘들다. 하지만 일주일에 한 번, 한 시간 정도쯤은 가능하다. 금요일 점심시간 이후가 좋을 것이다. 상사가 급한 업무지시를 내리지 않을 것이고 업무 강도가 비교적 느슨한 시간이기 때문이다.

사무실보다는 회사 앞의 한적한 카페에 노트와 펜을 가지고 나가 일주일간의 업무를 정리해 보자. 어떤 문제가 있었고 어떻게 대응을 했었는지, 작성한 보고서는 어땠는지 떠올리며 개선점도 생각해 보자. 더 나아가 사람을 대하는 태도도 되돌아보고 일하며 계속 배워 가고 있는지도 점검해 보자.

그렇게 일주일에 한 시간 정도라도 혼자만의 시간을 만들어 나의 시야와 생각을 드론에 태워 높이 올려 보내자. 제삼자의 객관적인 시선으로 나를 바라보는 시간을 가져 보자.

가만히 서 있는 자리에선 어디에서 와서 어디로 가고 있는지 확인하기 어렵다. 또 지금의 위치가 원하는 목표에 다가가는 중인지 멀어지는 중인지도 알 수 없다. 반면 드론의 시선을 빌리면 현재의 위치뿐 아니라 진행 방향까지 알게 된다. 길 앞에 낭떠러지가 있는지, 사나운

맹수들이 버티고 있는지, 그럼 나는 어느 길로 가면 되는지 말이다.

나를 위한 하루

오바마 전 미국 대통령도 하루 중 오직 조용히 생각만 하는 시간의 필요성을 말했다. 혼자 조용히 생각하는 시간이 없으면 실수를 하게 되고, 의사결정에 필요한 감각을 잃게 된다는 것이다.

나는 1년에 두 번 연차를 내고 혼자서 국립자연휴양림에 간다. 여행이라기보다 스스로 고립을 택하는 것이다. 여유 있게 일어나 아침을 먹고 출발해 점심식사 후 휴양림에 들어간다. 아내에게 잘 도착했다는 문자를 남기고 핸드폰은 끈다. 그리고 책을 읽는다. 조금 지겨우면 밖으로 나가 산길을 산책하며 흙내음을 맡고 시냇물 소리도 듣는다. 그러면서 여섯 달 동안의 삶을 되돌아본다.

그리고 나의 '직장생활 계획표'를 점검하고, 인생 5년 계획을 업데이트한다. 회사생활을 얼마나 더 할 수 있을지, 세상을 향해 내세울 만한 나만의 필살기는 무엇인지, 이를 어떻게 갈고닦을 것인지 글로 적으며 고민한다. 생각의 중심에 회사일이 아닌 나 자신을 둔다. 잠자리에 들기 전에는 적어 놓은 것들을 다시 한번 읽어 본다. 끊임없이 고민하고 글로 적으면서 생각이 꼬리에 꼬리를 물며 퍼져 나가는 희열은 경험해 본 사람만 안다. 혼자만의 시간은 그렇게 위대한 경험을 선물한다.

다음날 아침에는 일어나자마자 산책을 한다. 평상시였으면 지하철 9호선에 시달릴 시간에, 홀로 산속에서 오롯이 나를 위한 시간을 보내며 마음껏 기쁨을 느낀다. 그러고는 어젯밤 적어 놓은 생각의 조각들을 세 장의 페이퍼로 정리한다. 10년 후 되고 싶은 나의 모습을 그려 보고 그렇게 되기 위해 해야 할 실현 가능한 1년의 목표와 계획, 그리고 평생 좇아 살기 원하는 나만의 가치 선언문을 적는다.

이렇게 1박 2일 동안의 '나 홀로 워크숍'을 마감한다. 비움과 채움을 동시에 경험하는, 미래를 위한 너무나 소중한 시간이다.

* * *

사실 이것은 마이크로소프트의 빌 게이츠Bill Gates를 벤치마킹한 것이다. 그는 1년에 한두 번 인적이 드문 곳의 통나무 집에 들어가 일주일 정도 의도적으로 혼자만의 시간을 갖는다. 이것을 생각주간, 'Think Week'라고 부른다. 이때는 몇 권의 책과 회사의 미래 설계에 참고할 만한 보고서만 가지고 간다.

사람들이 지금보다 더 나은 인생을 살지 못하는 이유는, 더 나은 삶을 구체적으로 그려 볼 시간이 없기 때문이다. 혼자가 되어 보라. 혼자만의 소중하고 아름다운 시간을 만들어 일에서 떨어져 보라. 그래야만 일이 제대로 보이고 당신이 걷고 있는 길의 궤적과 나아가는 방향도 볼 수 있다.

계획적이고 전략적인 아싸의 시간은 당신을 더욱더 깊게 만들어 줄 것이다. 그리고 스스로를 객관적으로 바라볼 수 있는 인싸력을 키워 줄 것이다.

나만의
건전한 원칙

◇◇◇◇◇◇◇◇◇◇◇◇◇◇◇◇◇◇◇◇◇

"주말에 뭐 할까?"

"글쎄, 아무거나 하지 뭐."

"날씨도 좋은데 양평에 가는 건 어때? 아니면 놀이공원도 좋고."

"주말에는 차 막히잖아. 그리고 나 사람 많은 곳 싫어하는 거 몰라?"

"그럼 뭐 먹고 싶은 거 있어? 맛있는 거 먹자."

"글쎄, 뭐 딱히. 그냥 아무거나 먹자."

"○○초밥은 어때? 정말 잘한다던데."

"거긴 너무 좁아서 불편할 것 같아."

"그럼 이태원의 타이 레스토랑은 어때? 요즘 인스타에서 핫하대."

"나 향 강한 음식 싫어하잖아. 그냥 아무거나 먹자."

이 대화에서 '아무거나'라는 말을 모조리 없애 버리고 싶다. 실제로 이렇게 열린 질문을 했을 때 답을 회피하거나 '아무거나'라고 말하는 사람들이 의외로 많다. 그런 사람들은 '예, 아니요'로 답할 수 있는 간단한 질문도 남의 추천이 없으면 쉽게 결정하지 못한다. 더 웃긴 건 '아무거나'라고 답해서 정말로 '아무거나' 하면 대부분 불평을 한다는 것이다.

이들은 자신이 하고 싶은 것을 탐색하는 과정도 귀찮아한다. 말뿐 아니라 실제 삶도 원칙이 없는 인생을 살게 된다. '아무거나'라고 말하는 인생은 어느 순간에 정말 '아무것도 아닌 인생'이 되기 쉽다. 주위의 말을 무비판적으로 수용하는 그런 인생 말이다. 그러다가 인생에서 정말 중요한 선택을 내려야 하는 상황에는 한없이 방황한다. 아마도 인터넷 커뮤니티에 익명으로 고민글을 올려 보는 것이 최선의 노력이 될지도 모른다.

'아무거나'라고 말하는 습관이 있다면 성취하는 인생을 살 수 없다. 어디로 가야 할지, 무엇을 해야 할지도 모르는데 무언가 이루겠다고? 말도 안 되는 이야기다.

작은 것이라도 나의 의견을 명확히 말하는 것은 매우 중요하다. 설령 결과가 생각만큼 만족스럽지 않더라도 그 선택의 의미는 퇴색되지 않는다. 삶의 원칙이 있다면 100%의 확신이 아니더라도 결정을 내릴 수 있다. 그리고 사실 100%의 확신은 세상 어디에도 없다. 그렇기에 자신만의 원칙으로 스스로 선택하고 결과까지 책임져도 된다.

남의 원칙을 빌려 결정을 내리면 결과가 잘못되었을 때 반드시 남 탓을 하게 된다. '저 사람 말대로 했더니 이렇게 되었다.'라며 핑계 대는 것이다. 설령 잘못되더라도 자신의 원칙대로 결정을 내린 일이라면 '아, 이 부분이 잘못된 거였구나, 다음에는 이렇게 하지 말아야지.'라고 자성할 수 있다.

소신이 당신을 지켜줄 것이다

회사에서도 당신만의 의사결정 원칙은 중요하다. '모두 그렇게 하니까 나도 그래도 되겠지?'라고 생각해서는 안 된다. 남들이 법이나 양심에 어긋나는 일을 해서 나도 똑같이 한다면 그 인생이 과연 자신의 것일까? 개인의 원칙에 어긋나는 업무 지시를 받았다면 '왜 그렇게 해야 할까?'라는 의구심을 가져야 한다. 그리고 이해가 되지 않는다면 지시한 사람에게 당신의 생각을 전달해야 한다. 한번 올바르지 못한 것을 받아들이기 시작하면, 다음에는 더한 일이 생길 수도 있다.

지붕 없는 집에 살면 늘 몸이 젖어 있어 감기에 걸리기 쉽다. 스스로가 세운 인생의 기준, 의사결정의 원칙이 없다면 늘 외부충격에 휘둘리게 된다. 눈이 오거나 바람이 불면 그대로 날아갈 수도 있는 취약한 사람이 되고 만다. 개인의 원칙은 스스로의 삶을 지키는 보호막이 되어 줄 것이다.

주위에 성공한 사람이 있다면 그를 한번 살펴보라. 분명 곧고 독특한, 자신만의 소신과 원칙이 있을 것이다. 막무가내 고집이 아닌, 건전한 원칙 말이다. 그것은 다른 사람이 부러워하는 그 사람만의 캐릭터가 된다. 그리고 그 캐릭터는 확대되어 그만의 브랜드가 된다.

당신도 일과 사람에 대한 나만의 원칙을 만들어 보자. '지금까지 그런 것 없이 잘 살아왔는데 굳이 만들어야 하나?'라는 생각이 들 수도 있다. 그런데 이건 앞으로 따라야 할 새로운 원칙이 아니라, 그동안 살아오며 지켜왔던 원칙을 찾는 것이다. 누구나 자신만의 원칙 하나쯤은 이미 가지고 있다. 그러니 급하게 마음먹지 말고 우선 과거의 경험부터 되돌아보자.

10년 동안 직장생활을 했다면 스스로도 만족할 만한 성과를 낸 경험도 있고, 여전히 후회로 남아 있는 일도 있을 것이다. 그때의 상황으로 되돌아 가서 '나는 왜 그런 결정을 내렸었는가? 그렇게 행동했던 이유는 무엇일까?' 생각해 보자. 과거의 선택과 그 이유를 스스로에게 묻고 답을 찾아본다면 당신만의 행동원칙을 발견하는 일이 마냥 어렵지만은 않을 것이다.

원칙이 이끄는 삶

어릴 적 나는 무척이나 소심했다. 처음으로 혼자 가는 학원에 5분 늦었을 때, 학원 문을 열지도 못했다. 문고리를 만졌다가 돌아서고, 화장실을 왔다 갔다 하며 시간만 보냈다. 그렇게 망설이고 행동하지 못하는 스스로가 너무 창피했다.

어른이 되어서도 망설이지 않고 일단 행동했다면, 아마도 새로운 기회를 훨씬 많이 만났을 것이다. 결정을 미루며 흘려 보낸 시간은 아무런 의미가 없었다. 아이디어를 노트에 적어 놓고 행동하지 않았던 것들이 다른 누군가에 의해 현실이 되는 것을 보면서 후회만 했었다.

그런 시간을 보낸 후에 내가 세운 인생의 원칙은 '망설이지 말고, 시도하고, 실패하라.'가 되었다. 그래서 생각만 했던 일을 작게나마 시작했고, 밤 9시가 넘어 퇴근하는 바쁜 생활에도 책 한 권을 썼다.

나는 똑같은 후회를 다시 하고 싶지 않아서 내 삶의 원칙을 정했다. 당신도 뇌리에 오래도록 남아 있는 성공과 실패의 경험 혹은 행복과 후회의 경험을 찬찬히 되짚어 보면 좋겠다. 인지하지 못했지만 이미 당신의 인생을 지배하고 있는 삶의 원칙을 찾게 될 것이다.

직장생활 10년 차가 되었다면 일하는 방식에 원칙이 있어야 한다. 그 원칙은 가장 효율적으로 압축된 개인의 가치 정보이자 삶의 나침반이다. 그것이 없다면 100층짜리 건물에서 길을 잃게 될지도 모른다. '나는 어떤 일을 해야 하니까 몇 층에 가야 해.'라는 생각이 없다면 계속 남이 누르는 층수만 오르락내리락하고 말 것이다. 그러다 원치 않는 곳에서 강제로 하차당할 수도 있다.

내 원칙, 내 생각을 믿어야 한다. 그리고 필요하다면 엘리베이터에서 나와 원하는 층까지 어두운 계단을 뛰어올라갈 수 있어야 한다.

* * *

신분사회에서 노예들은 삶의 원칙이 필요 없었다. 주인이 시키는 일만 하면 되었기 때문이다. 주인이 내일 옆 마을 결혼식에 참석해야 한다면 그가 지정한 옷을 세탁하고, 말을 목욕시키고, 마차를 청소하고, 시간 맞춰 데리고 갈 준비를 하면 된다. 스스로 생각할 필요가 없었다. 노예의 삶의 원칙은 주인 그 자체였다.

회사의 주인이 내가 아니라고 해서 나의 원칙을 가지고 행동하기를 포기해서는 안 된다. 그러면 진짜 노예가 되어 버린다. 오랫동안 열심히 일한 보답으로 노예문서를 불태워 자유를 주려는 주인에게 '나를 내치지 말아 달라.'라며 엎드려 빌 것인가? 아니면 자신만의 원칙을 가지고 당당하게 앞으로의 인생을 살 것인가? 선택은 당신에게 달려 있다.

미디어와
친할 필요는 없다

◇◇◇◇◇◇◇◇◇◇◇◇◇◇◇◇◇◇◇◇◇

불과 십 년 전까지만 해도 정보를 얻을 수 있는 창구는 신문이나 공중파 TV뿐이었다. 즉, 5개 정도의 TV채널과 7~8개 정도의 신문이 전부였다. 우리는 그것들을 '매스미디어Mass Media', 대중매체라고 불렀다. 이처럼 정보 전달 통로가 커다란 소수의 미디어에 집중되어 있었다. 그러다 보니 사람들은 비슷한 것을 보고 들을 수밖에 없었다.

생각해 보자. 한강을 건너는 수단이 오로지 세 개의 다리뿐이라면 어떨까? 불편하고 못마땅하지만 그 다리를 이용할 수밖에 없고 다리 주인의 목소리는 커지게 된다. 게다가 통행료도 더 비싸질 것이다. 우리는 수십 년 동안 이런 시대를 살아왔다.

진화하는 미디어

오늘날, 이 커다란 덩어리는 작게 쪼개지고 있다. 같은 현상을 다른 시각으로 해석하고 전해 주는 매체가 늘어나고 있다. 심지어 모바일의 발전으로 개인이 직접 대중에게 정보를 전달할 수 있는 방법도 다양해졌다.

이렇듯 커다란 'Mass'의 시대는 끝나고, 독특하고 세분화된 'Unique'하고 'Minor'한 시대로 바뀌고 있다. 대표적인 것이 바로 소셜 미디어Social Media다. 우리가 흔히 SNSSocial Network Service라고 부르는 페이스북, 트위터, 인스타그램 등이 미디어라고 불리는 이유는 하나다. 이들이 개인적인 영역으로까지 더 세분화된 소식과 이야기를 전하며 과거 미디어의 역할을 대신하고 있기 때문이다.

미국의 대통령도, 거대 기업의 CEO도 자신의 목소리를 소셜 미디어를 통해 직접 대중에게 전달한다. 소셜 미디어를 보고 기존의 미디어가 기사를 만들기도 한다. 어느 지역에 갑작스런 폭우가 쏟아졌거나 길에서 난 사고 소식도 소셜 미디어가 가장 먼저 실어 나른다. 때로는 현업에서 일하는 전문가들이 기자보다 몇 배는 심도 있는 식견을 전하고 현상 뒤에 가려진 이면을 분석하기도 한다. 이처럼 대한민국 전체만 해도 수백만 명의 개인이 기자의 역할을 대신하는 시대가 되었다.

그 결과로 우리는 원하든 원치 않든 매일 미디어의 영향을 받으며 살아간다. 출근길에 가장 먼저 하는 행동은 스마트폰으로 뉴스를 보는 것이다. 자기 전에도 역시 스마트폰을 통해 세상을 보다가 잠이 든다. 이렇게 하루 종일 우리에게 영향을 미치는 미디어의 기본적인 특징은 무엇일까? 그리고 이 변화 앞에 직장인으로서 어떤 자세를 취해야 할까?

미디어를 조심해야 하는 이유

:: 이익집단이다

미디어도 '돈을 벌어야 하는' 회사다. 땅 파서 장사는 곳이 아니다. 한국언론연감의 자료에 따르면 종이신문의 구독률(구독료를 내고 신문을 정기구독하는 비율)은 1996년 69.3%에서 2017년 9.9%로, 거의 7분의 1 수준으로 떨어졌다. 약 20년 동안 종이신문이 대중에게 미치는 영향력은 4분의 1 토막이 난 것이다. 이는 곧 신문사는 생존을 위해 줄어든 구독료를 상쇄할 수 있는 더 많은 매출을 내야 하는 상황에 직면했다는 뜻이다.

미디어의 가장 큰 수입원이 여전히 '광고'라는 것을 감안하면 더 많은 광고를 얻어 내기 위한 방법을 지속적으로 고민해 왔을 것이다. 시대의 변화에 따라 생존방법을 찾는 것은 이익집단이 해야 할 당연한 일이다. 그래서 찾아 낸 방법이 단순히 지면광고를 싣는 것이 아닌, 기사 자체에 광고를 녹이는 것이다. 광고주가 사람들의 머릿속에 심고 싶은 메시지를 기사화하는 식으로 광고 방식이 바뀌고 있다. 나아가 정책의 방향도 광고주에게 유리하도록, 의도된 해석을 기사화하는 경우도 있다.

이제는 독자들이 기사의 숨은 의도를 파악하기 위해 더 많이 알아야 하는 시대가 되었다. 잊지 말자. 미디어는 공익적 성격을 띤 이익집단이다.

:: 자극적이다

미디어는 일상을 담지 않는다. 누군가 키우던 닭을 잡아서 요리해 먹었다는 것은 기사화되지 않는다. 하지만 키우던 닭이 사람을 쪼아서 죽였다면 '살인 닭 출현'이라고 대서특필될 수 있다. 우리 곁의 평범하고 일상적인 이야기는 기삿거리가 되지 않는다. 대신 특이하고 놀라운 것은 미디어에 실릴 자격이 된다.

'35세 직장인 김 과장. 회식으로 매운 쭈꾸미에 소주 먹고 다음날 아침 화장실에 세 번이나 가, 결국 회사 지각' 이런 내용은 절대로 기사가 되지 않는다. 일상의 범주에 포함되기 때문이다. 하지만 '회식으로 매운 쭈꾸미에 소주를 먹은 35세 직장인 김 과장, 다음날 출근길 배가 아파 선릉역 화장실에서 볼일을 보던 중 변기가 폭파하여 엉덩이에 화상 입어'라는 내용은 기사가 될 수도 있다. 어처구니없을 만큼 황당하고 자극적이기 때문이다.

성공한 사람의 이야기도 마찬가지다. 그간의 과정은 생략되고 눈에 띄는 업적과 그가 이룬 부에 대해서만 다룬다. 미디어가 스마트폰 안으로 들어가면서 이런 자극적인 기사는 더욱 늘어나고 있다. 제목으로 관심을 끌어 클릭을 유도해야 하기 때문이다. 메이저 언론의 내용을 그대로 받아쓰기 수준으로 재발행하는 소규모 인터넷 언론사의 경우 문제가 더 심각하다. 단순히 내용 중 일부를 뻥튀기하여 자극적인 제목을 뽑아내는, 소위 '어그로●'를 끄는 수준을 넘어섰다. 현상을 왜곡해서 말초신경만을 자극하려는 기사들은 넘쳐 나고 있다.

:: 말랑말랑해지고 있다

이 특징은 시대의 변화와 관련된다. 젊은층이 기존 미디어에서 이탈하는 이유 중 하나는 재미가 없어서다. 항상 심각한 논조로 위기, 다툼, 공포 조장을 일삼다 보니 아예 멀리하는 것이다. 요즘 세대는 길거나 심각한 기사는 싫어한다. 내용이 조금이라도 어렵게 느껴진다면 '누가 세 줄 요약 좀'이라는 댓글이 달린다. 심지어 포털에선 AI를 활용해 긴 기사를 자동으로 요약해 주는 서비스까지 나오고 있다.

또한 텍스트보다 영상을 선호하다 보니, 젊은이들의 다양한 관심사를 감각적인 영상으로 만들어 내는 경향이 늘고 있다. 이미 유튜브는 십 대부터 육십 대까지 전 세대를 아우르게 되었다. 유튜브라는 동영상 미디어에 어울리는 새롭고 젊은 느낌의 옷을 입은 TV 언론도 생겨났고, 그들은 콘텐츠를 홍보하기 위해 더 소프트한 기사를 뽑아내고 있다.

회사 게시판을 보면 '2019 환율 전망과 원자재 가격동향'이나 '아마존의 변화, 물류 시스템의 적용법' 이런 글보다는 '놀이동산 할인권 배

● 순전히 관심을 끌기 위한 글이나 행동

포' 혹은 '1분기 휴양소 신청' 같은 글의 조회수가 월등히 높다. 몸에 좋지만 딱딱해서 먹기 힘든 음식보다는, 달고 부드러워 먹기 편한 음식만 원하는 것이다. 사람들의 취향이 이러한데 미디어가 연성화되는 것은 어찌 보면 당연한 일이다.

:: 호흡이 짧다

'미디어는 일용직'이라는 말이 있다. 매일 새로운 기사를 만들어 내야 하는 특성을 비유한 말이다. 방송기자의 경우 오늘 오후 2시에 사건이 벌어지면 바로 현장으로 뛰어나가 취재를 하고 주민 인터뷰를 딴 후 전문가에게 급하게 전화해 코멘트까지 딴다. 그 후에 촬영본을 편집한다. 그렇게 촌각을 다투며 시청자에게 전달될 영상을 만들어 낸다. 내용 선정부터 취재, 편집 전달까지 불과 6시간도 채 걸리지 않는다. 그러다 보니 때로는 뉴스에서 잘못된 내용을 방송하는 일도 생긴다. 특히 쌍방의 의견이 대립하는 사건을 다룰 때는 양측의 주장을 충분히 담아내지 못하는 경우도 있다. 방송된 이후에 소셜 미디어 등을 통해서 뉴스가 잘못된 것이라는 사실을 증명하는 사례도 있다.

'세그웨이Segway'라는 전동 이동 수단이 있었다. 지금 많은 사람들이 이용하는 전동휠의 원조격인 상품이다. 2001년, 한 발명가에 의해 세상에 처음 선보인 이후 많은 언론에서 찬사를 아끼지 않았다. 뉴욕타임스와 CNN 등에서 앞다투어 보도했고, 발명가는 하버드 경영대학원 출판부와 세그웨이를 주제로 출판계약을 체결하기도 했다. 뉴욕

타임스는 세그웨이 발명 이듬해인 2002년 최고의 발명품 중 하나로 세그웨이를 선정했다. 그렇게 모든 언론은 새로운 발명품을 칭송했다.

하지만 결국 세그웨이는 실패했다. 세그웨이를 최고의 발명품이라고 했던 뉴욕타임스는 2009년 지난 10년간 최악의 발명품으로 세그웨이를 꼽았다. 그리고 2015년, 세그웨이는 그 짝퉁을 만들던 중국 회사에 인수되었다.

이 사례를 통해 미디어를 비난하려는 것이 아니다. 이건 미디어의 잘못이 아니다. 미디어가 무슨 점쟁이도 아니고 기업이나 상품의 흥망을 맞출 수는 없다. 과거에는 맞았던 것이 지금은 틀리게 된 것일 뿐이다. 내가 말하고 싶은 것은 현재만을 보여 줄 수밖에 없는 미디어의 한계점이다. 현재의 기사를 바탕으로 더 깊은 사유를 해야 하는 것은 개인의 몫이다.

* * *

10년 차 직장인 김 과장은 자신이 미디어에 영향을 받고 있는지 모를 수도 있다. 오히려 "나는 절대 남들이 주입한 것에 영향을 받지 않아, 나는 심지가 굳은 사람이거든."이라고 말할 것이다. 하지만 여전히 우리의 생각의 방향을 부지불식간에 조종할 수 있는 미디어라는 창을 통해 세상을 바라본다.

나는 당신이 현상을 막연히 부정하고 의심하는 음모론자가 되기를 원치 않는다. 생각의 주도권을 내어주고 서서히 생각하는 힘을 잃지 않기를 바랄 뿐이다.

'Wag the dog'라는 말이 있다. 꼬리가 몸통을 흔든다는 뜻이다. 미디어가 마음만 먹으면 작은 꼬리로도 크고 중요한 몸통을 흔들 수 있다는 것이다. 숨가쁘게 쏟아지는 오늘의 기사 뒤 큰 흐름을 보자. 꼬리에 휘둘리는 그저 그런 개인으로 남지 않기를 바란다.

달콤하지만
위험한 위로들

◇◇◇◇◇◇◇◇◇◇◇◇◇◇◇◇◇◇◇◇

자기계발서를 싫어하는 사람들이 있다. 똑같은 이야기를 사례만 바꾸어 말하고, 성공자의 경험 하나를 모든 문을 여는 성공의 열쇠인 것처럼 일반화한다는 이유 때문이다. 또 '의지'나 '열정'이라는 어디에다가 섞어도 좋은 마법의 양념으로 모든 것을 덮어 버리고, 사회 구조적 문제를 개인의 문제로 치환해서라고 한다.

성공자가 나오는 자기계발서에서 발견할 수 있는 공통점이 있다. 그것은 바로 처절하게 '절박한 상황'이다. 내용과 형태는 조금씩 다르지만 늘 등장한다. 절박한 상황에 처한 사람이 늘 성공하는 것은 아니지만, 성공한 사람 대부분은 고난을 딛고 선 경우가 많다. 예를 들어 파산으로 밑바닥을 찍었다거나, 부모나 동료에게 배신당하거나, 사고로 죽을 뻔한 경험을 하는 등 극단적인 형태까지 나타난다. 또 큰 병을 이겨 낸 이후에 완전히 새로운 사람으로 다시 태어나기도 한다.

왜 그럴까? 앞서 이야기했듯 사람은 지독하게 변하지 않는 존재이기 때문이다. 기본적으로 현재의 상황을 바꾸려는 노력을 하지 않는다. 바꿔야 할 필요성을 크게 느끼지 못하고 변하지 않아도 그럭저럭 잘 지낼 수 있어서다. 또 현재의 익숙한 생활을 지속하려는 관성이 변화에 저항하기 때문이다.

저녁을 먹고 안락한 침대에 누워 스마트폰을 보는 것은 익숙하고 편하다. 운동복을 입고 체육관에 가는 것은 현재의 평안함을 깨는 행동이다. 물론 운동을 하면 좋다는 것을 잘 안다. 하지만 굳이 그렇게 하지 않아도 당장은 큰 문제가 없으니 현재를 유지한다. 이렇게 변화에 저항하고 관성을 유지하려는 태도는 서른 중반만 되어도 엄청나게 커진다. 바뀌려고 큰 결심을 해도 며칠간의 노력에 머물고 만다. 아무리 좋은 말을 들어도 아무리 좋은 글귀를 읽어도 쉽게 바뀌지 않는다. 그 순간만 잠시 각성할 뿐이다.

그렇기에 우리는 똑같은 삶을 사는 것이다. 현재를 깨부술 만한 강력한 충격 없이는 웬만해선 움직이지 않는다. 그만큼 사람의 의지는 나약하고 상황과 환경에 지배를 받는다.

말랑말랑한 위로의 시대

요즘은 '노력'을 논하면 꼰대가 되기 쉽다. 말이나 글에 한 줌의 빈틈과 불편함만 비쳐도 공격당하기 일쑤다. 어떤 이들은 이 같은 여론의 단두대를 피하기 위해 침묵하거나 '괜찮다' '잘하고 있다'라는 위로만 건넨다. 이런 위로의 콘텐츠가 사람들이 원하기에 많아진 것인지, 아니면 잘 팔리기에 많아진 것인지는 잘 모르겠다. 어쨌든 '아프니까 청춘이다'에 배신당한 사람들은 미래를 위한 노력 대신 지금 상황에서 누릴 수 있는 자기만족을 좇는다.

몇 해 전부터 나타난 '헬조선' 'N포세대' 같은 절망의 단어들이 이제는 아예 사람들의 기저에 깔려 버렸다. 이런 상황에서 작지만 확실한 나만의 행복을 추구하는 것은 당연한 일이다. 지쳐 쓰러져 있는데 누군가 달리라고 채근한다면 우리는 도망갈 수밖에 없다. 그럴 때는 쉬어야 한다. 잠시 멈춰 서서 스스로를 돌아보고 몸과 마음을 추슬러야 한다. 멈춰야만 자신을 제대로 볼 수 있다. 100미터 달리기를 하면서 나를 돌아볼 수는 없다. 충전을 위한 쉼은 반드시 필요하다.

하지만 쉼과 위로의 모습을 한 말랑말랑한 것들이 당신의 삶 전부를 뒤덮는 것은 주의해야 한다. 미디어도 콘텐츠도 뉴스도 연성화되고 있다. 서점에 가 보면 온통 파스텔 마카롱 컬러의, 비슷한 일러스트의 책들이 널려 있다. 지금 이대로 있어도 좋고, 열심히 살지 않아도 괜찮다고 말한다.

심지어 익숙한 만화 캐릭터들까지 우리의 어깨를 두드리며 위로를 전한다. 위로가 필요한 사람들에게 쉼과 격려를 건넨다기보다는, 장사가 되는 만들어진 위로를 파는 것 같다. 그런 책을 쓴 작가의 인터뷰 기사에는 '본인은 겁나 치열하게 살았으면서 남들한테는 열심히 안 해도 된다며 사람들의 돈을 뽑아 먹는다.'라는 댓글이 제법 보인다.

어쩌면 그 작가의 삶도 성공자의 것과 크게 다르지 않을 수 있다. 너무나도 치열하게 일만 하며 살았던 지난날이 후회되어 그렇게 열심히 살지 않아도 된다고 말하는 것일 수도 있다. 이미 성공의 길을 걸어간 그로서는 정말 솔직한 고백일 수 있다. 하지만 이제 막 걸음마를 시작한 사람들에게는 자칫하면 독이 될지도 모른다.

성공의 과정은 결코 말랑말랑하지 않다

원하는 것을 누리기 위해서는 반드시 인내와 불편의 시간을 겪어야 한다. 깨끗한 방에서 편하게 쉬고 싶다면 힘들지만 청소를 해야 한다. 건강하고 멋진 몸매를 얻기 위해서는 식단 관리를 하고 땀 흘려 운동을 해야 한다. 심플해 보이는 전자제품도 그 안에는 복잡한 원리의 소프트웨어가 숨어 있다. 무언가를 얻기 원한다면 반드시 그 비용을 지불해야 한다. 너무나 당연한 인생의 이치다.

"목표를 이루려면 인내의 과정을 꼭 거쳐야만 해. 그건 어쩔 수 없어. 만약 너무 힘들다면 이렇게 해 보는 건 어떨까? 조금 나아질 수 있을 거야."라는 말도 자칫하면 꼰대의 언어가 되어 버린다. 반면 "하기 싫은 일이라면 하지 않아도 괜찮아. 하고 싶은 일만 해도 돼."라는 달콤한 마카롱 언어를 감성을 담아 쏟아내면 그는 위로의 멘토가 된다. 우리의 삶은 그렇게 하나의 명제로 풀어 낼 만큼 단순하지 않다. 단것만 먹으면 속이 망가지고 이빨이 썩는다는 사실은 왜 아무도 말하지 않는 걸까.

사람들은 위로의 말을 마치 쇼핑이나 마사지처럼 여기기도 한다. 물론 힐링이 되는 글을 읽고, 괜찮다고 위로해 주는 강연을 들으면 마음이 차분해진다. 그러다가 다시 현실에서 몸과 마음이 피폐해지면 더 강한 '힐링 팩터●'를 찾게 된다. 이렇게 쉼과 힐링에만 치우치면 오히려 더 유약해지기 쉽다. 예전에는 잠시 장대비를 맞아도 괜찮았다면 이제는 가랑비만 맞아도 곧 감기에 걸리는 체질로 변하고 만다. 그래서 쉼과 하드 워킹이 적절히 공존해야 하는 것이다. 철이 담금질되며 더 강해지는 것처럼 말이다.

직장인의 일상이 변하지 않는 이유

'안다 → 하지 않는다 → 안 된다'

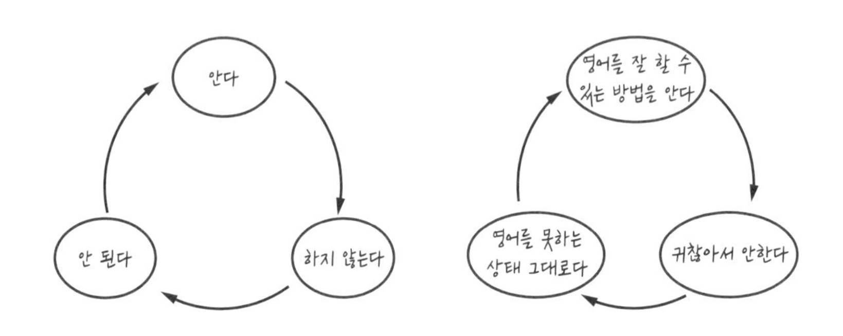

● 상처를 곧바로 재생시키는 초재생능력.

우리는 이 무한 루프에 갇혀 있다. 예를 들면「영어를 잘하고 싶고, 잘할 수 있는 방법을 알고 있다. → 하지만 하루이틀 하고 귀찮아져 하지 않는다. → 그 결과로 영어를 계속 못한다.」이건 돈이나 시간의 문제가 아니다. 검색만 해도 수백 가지 영어 공부법이 나온다. 유튜브에도 공짜로 수준급 영어를 가르쳐 주는 사람이 넘쳐난다. 그중 자신에게 맞는 것 하나만 골라서 보고 따라 하기만 하면 된다. 하지만 절대로 하지 않는다.

우리는 왜 지금 모습을 그대로 유지하며 후회하는 무한 루프에 갇히는 걸까? 의지가 나약해서? 열정이 없어서? 아니면 '노오력'이 부족해서? 모두 아니다. 답은 하나다. 굳이 변할 필요가 없기 때문에 변하지 않는 것이다. 절박하지 않기 때문이다. 현재 상태가 조금은 불만족스럽지만 그럭저럭 살 수 있기 때문이다.

절박함이 행동을 만든다

영하 15도의 날씨. 칼바람이 부는 운동장 한가운데 반팔 티셔츠 한 장만 입고 서 있다면 어떻게 될까? 얼어 죽지 않기 위해 뭐든 할 것이다. 나무가 있다면 뒤에라도 숨어 추위를 막고, 주변에 신문지나 비닐봉지가 있다면 그것이라도 덮어 체온을 유지하려고 할 것이다. 발을 동동 구르며 뛰기 시작할 것이다. 몸을 움직이지 않으면 얼어 죽기 때문이다. 생존에 대한 위협은 사람을 변화시킨다. 당장 내일 밥 사먹을 돈이 없고 집세 낼 돈이 없는데 가만히 집에만 있을 사람은 아무도 없다.

우리는 늘 해 왔던 대로만 일한다. 왜 그럴까? 그렇게 해도 퇴근 시간은 다가오고 또 한 달은 지나가고 내가 질러 버린 카드값을 해결할 수 있을 정도의 월급은 나오기 때문이다. 변화해야 할 만큼 절박하지 않고, 또 변하지 않아도 당장 큰 문제가 생기지 않기 때문이다. 많이 불편한 변화보다는 조금은 불만족스러워도 현상유지가 낫다고 생각하는 것이다.

당신은 버스를 타고 있다. 버스 창으로 고개를 내밀고 밖을 바라본다. 어디로 향하는지는 모르지만 뿌연 먼지 저 끝에 희미하게 절벽이 보이는 것 같다. 갑자기 불안하다. 주위를 둘러본다. 다른 사람들은 그냥 편안히 자리에 앉아 있다. 나 혼자 안절부절못하는 건가?

버스 운전사는 가끔 잘못된 길로 가지만 큰 사고 없이 그럭저럭 잘 달리고 있는 듯하다. 버스에는 히터도 있고 에어컨도 잘 나온다. 덥거나 춥지 않다. 풍족하지는 않지만 때가 되면 밥도 나온다. 내가 열심히 노력해 티켓을 얻어 탄 버스는 다른 사람이 타고 있는 작고 털털거리는 것보다 고급형 버스다. 비교하니 안심이 된다.

벨을 누르고 버스에서 먼저 내린 사람을 몇몇 보았다. 그들은 맨발로 땅 위를 달려야 했다. 신발을 미리 준비한 사람은 제법 잘 뛴다. 그렇지 않은 사람은 발바닥이 찢어져 피를 흘린다. 발을 다친 사람은 절뚝거리다가 이내 지쳐 쓰러지고 만다. '아, 역시 버스에서 함부로 내리는 것은 위험하구나.' 생각한다. 버스가 절벽을 향해 간다는 사실은 모른다. '남들도 여기에 다 함께 있으니까 나도 괜찮을 거야.' 그렇게 하루가 또 지나간다.

직장인의 삶은 쉽지 않다. 너무나 힘든 일상에 때로는 번아웃되기도 한다. 그래서 우리에게는 쉼과 회복의 시간이 필요하다. 이 쉼은 인생을 놓아 버리는 포기나 방종이 아니다. 쉼을 통해 다시 뛸 수 있는 힘을 얻는 것이다. 전쟁이 길어지면 최전방에 투입된 군인들은 일정한 주기를 맞춰 후방으로 간다. 그곳에서 강도가 낮은 일과를 수행하며 정신적 육체적으로 정비하는 시간을 갖는다. 계속해서 최전방에만 있으면 전사하거나 심각한 트라우마가 생길 수 있기 때문이다.

이렇듯 노력과 위로는 조화를 이루어야 한다. 무책임한 위로에 당신을 던져 버리지 말자. 또한 쉼없이 달리다 녹초가 되어 다시 뛸 힘을 잃지 말기를 바란다. 어느 한쪽에만 치우치면 삶은 균형을 잃고 만다. 진정한 힐링은 남에게 구해서 얻는 것이 아니다. 있는 그대로 스스로를 대면해야만 한다.

* * *

남이 운전하는 버스에 언제까지고 편하게 앉아 있을 수만은 없다. 스스로의 힘으로 땅에 서서 뛰어야 하는 순간을 위해, 지금 당장 의미 있는 행동을 시작해 보자.

당신도 이제 몸과 생각이 점점 굳어지는 시기에 접어 들었다. 이대로 화석이 되어서는 안 된다. 살아내야 할 인생이 아직 길다. 삶에 어떻게 생명을 불어넣을 것인지는 당신이 직접 선택하면 된다. 그리고 행동하면 된다.

삼십 대를 지난 후 알게 된 것들

◇◇◇◇◇◇◇◇◇◇◇◇◇◇◇◇◇◇◇◇

직업란에 '회사원'이라고 적으며 살아온 지 이제 17년이 되었다. 사십 대 초반의 직장인으로서 몸소 겪으며 깨닫게 된 변화들에 대해 말해 보려 한다. 다가올 일을 대비한다는 마음으로 읽어 주면 좋겠다.

부정적인 사람을 멀리하게 되었다

"우리 회사는 이래서 안 되고, 김 부장은 이래서 잘라야 하고……."

"이번 프로젝트는 멍청이 같은 누구 때문에 안 된 거고……."

"저런 인간이랑 같은 회사를 다닌다는 게 정말 수치스럽다."

이런 말을 매일 입에 달고 다니는 사람과 함께 일한다고 생각해 보라. 얼마나 짜증이 나겠는가? 행여나 이런 인간이 상사라면 정말 끔찍하다. 끊임없이 부정적인 기운을 쏟아내면서 주위 사람들을 얼마나 오염시킬지, 상상하기도 싫다.

같은 장소에서 같은 것을 보고 듣고 경험해도 부정적인 말만 하는 사람이 있다. 그들은 모든 것을 빨아들이는 블랙홀 같다. 마치 걸어다니는 장례식장 같은 느낌이다. 만나면 기가 빨리고 쉽게 피곤해진다. 어둡고 부정적인 것에 물들게 될까 봐 피하고만 싶다. 가장 아까운 건 시간이다. 그런 사람을 만날 바에는 차라리 집에서 잠을 자며 충전하는 것이 훨씬 낫다.

"너 그 영화 2편 나온 거 봤냐? 완전 짱이라던데?"
"죽은 사람 억지로 살려내고, 완전 CG 티만 팍팍 나고. 참, 그 배우는 이번에 보니 늙어서 안 되겠더라."

"이번 주말에 한강 걷기대회 갈래? 끝나고 가수 공연도 있대."
"맨날 회사 다니면서 지하철, 버스 타며 지겹게 걷는데 걷기대회를 또 나간다고? 그리고 그런 야외행사는 음향설비도 별로여서 재미도 없어."

"너 ○○곱창집 가 봤냐? 거기 맛도 좋고 양도 많아서 가성비 최고래. 다음에 한번 가자."
"아, 거기! 블로거한테 돈 뿌린 후기만 많은 데야. 아는 후배도 지난번에 갔는데 냄새 난다더라. 사진에 냄새는 안 나잖아."

매사가 이런 식이다. 부정적일 거면 방구석에서 혼자만 그러면 되는

데 남에게까지 영향을 끼친다. 모든 것을 비난하고 남 탓을 일삼으며 안 좋은 기운을 뿜어내기에 멀리하고 싶다. 물론 이건 이십 대도 마찬가지이긴 하다. 하지만 사십 대의 나이에는 정말 처절하게 와닿는다. 더 쉽게 피곤해지기 때문이다.

부정적인 기운을 뿜어내는 사람을 만나면 최대한 빨리 미팅을 끝낸다. 행여나 나에게 도움이 되는 일이라 해도 가급적 그런 사람과는 함께하고 싶지 않다. 그리고 최대한 무례하지 않게 정중하고 자연스럽게 관계를 끝낸다. 그런 이들은 누군가와의 만남 또한 또 다른 험담의 재료로 쓰기 때문이다.

구체적인 단어를 말하지 못하는 사람을 멀리하게 되었다

'세상을 바꾸겠다.' '아름다운 세상을 만드는 일을 하겠다.'라며 큰 포부를 밝히는 사람들이 많다. 진심으로 훌륭하다. 이런 사람이 많아야 세상이 바뀐다. 원대한 뜻을 품고 있는 사람은 그 자체만으로 좋다. 하지만 직접 만나 이야기를 나눠 보고 실망하는 경우가 종종 있다. 그의 생각과 꿈이 형용사와 부사로만 뒤덮여 있기 때문이다. 동사는 거의 없고 현재진행형은 더더욱 없다. 추상적인 단어들만 나열한다. 무엇을 하고 싶은지는 어렴풋이 알겠는데 명확한 실체는 잘 모르겠다. 조심스럽게 "추상적이어서 그런데 조금만 더 구체적으로 이야기를 해 달라."라고 요청하면 거부감을 드러낸다.

사십 대가 되니 감정을 덜어 내고 현실을 있는 그대로 보게 된다. 꿈과 이상도 중요하지만 사십 대의 시간은 그것을 현실로 이루기 위해 이미 구체적으로 행동을 하고 있거나 그 결과물이 조금씩 나오는 시기다. 그렇기에 추상적인 단어보다 구체적이고 명확한 단어를 말할 수 있어야 한다.

남 이야기만 하는 사람을 멀리하게 되었다

오랜만에 친구들이 모인 술자리에서 우연히 검사와 판사에 관련된 이야기가 나왔다. 일반적인 경우라면 "우리나라 사법기관은 이렇게 되어야 해." "우리 아이들은 정의로운 세상에 살게 하고 싶어." 같은 이야기가 오고 갈 것이다. 하지만 이런 대화에 "내 친구가 말이야, 부산지검에 있는데 그 녀석만 통하면 말이지……"라는 이야기가 나온다. 그러다가 세금과 관련된 이야기가 나온다면 "내 후배가 세무사인데 어디 회사 누구랑 잘 아는데……"로 이어진다. 또 운동선수 이야기가 나오면 "내 후배의 고등학교 동창이 프로야구 선수였는데, 어느 구단의 누가 아주 인성이 별로래."

그 친구에게 조용히 이야기한다.

"친구야, 나는 너의 이야기가 궁금해. 너를 2년 만에 만났는데 네 딸은 잘 크는지, 새로 옮긴 회사는 어떤지, 편찮으셨다는 아버님은 어떤지, 난 네가 궁금해. 나와 관련 없는 사람들 말고."

남 이야기만 하는 사람은 자존감이 낮거나 인간관계를 치장의 도구로 삼는 경향이 있다. 아는 사람을 대며 자신을 과시하고 싶어한다. 이런 사람치고 내실 있는 경우는 드물다. 나이를 먹게 되니 이렇게 남의 이야기로 자신을 채우며 공허함을 달래려는 사람을 멀리하게 되었다.

땅을 단단히 다져야만 뛸 수 있음을 알게 되었다

모든 일에는 반드시 물리적인 시간이 필요하다. 맛있는 음식을 빨리 내놓는 유명 식당에는 비법 베이스 소스가 있다. 그 소스가 최고의 맛을 내기 위한 최적의 조합과 숙성 기간을 찾기까지 수백 번의 시도와 실패가 있었을 것이다. 하지만 우리는 이 사실을 간과한다. 진짜 전문가는 갑작스러운 질문에도 답변을 잘한다. 나아가 상대의 수준에 눈높이를 맞추어 설명해 준다. 남들이 보기에는 결과가 아주 쉽게 '뿅' 하고 튀어나온 것처럼 보이겠지만 이면에는 오랜 시간 동안 다져 놓은 탄탄한 밑바탕이 있기 마련이다.

그러나 우리는 오랜 시간 동안 꾸준함으로 다져 놓은 기본을 보지 않고, 그가 현재 누리고 있는 것만을 부러워한다. 오직 눈에 보이는 결과만을 추종하며 그렇게 될 수 있는 방법 자체만 알고 싶어한다. 방법을 물어보면 의외로 단순한 답변이 돌아올 것이다. 작가는 "매일 5시간씩 시간을 정해 놓고 책상에 앉아 무조건 쓴다."라고 할 것이고, 운동선수는 "매일 새벽 운동 1시간, 낮 운동 4시간, 밤에는 개인 보충

운동을 하면 된다."라고 답할 것이다.

그럼 사람들은 다시 묻는다. "그런 거 말고 숨겨 놓은 진짜 비법을 알려 주세요."라고.

어떤 사람이 무술의 고수를 찾아가 제자로 받아 달라고 일주일간 무릎을 꿇고 간청했다. 고수는 그에게 1년이 넘도록 장작을 패고 물 긷는 일만 시켰다. 무술을 익히기 위해서는 체력이라는 보이지 않는 밑바닥이 필요하기 때문이다. 밑바닥을 다지지 않으면 절대로 성을 쌓을 수 없다. 쌓아도 곧 무너진다.

세상 그 어떤 것도 하루아침에 이루어지는 것은 없다. 사람들은 "자고 일어났더니 유명해졌더라."라는 말 뒤에 숨어 있는 '오랜 기간의 꾸준한 준비'를 보지 않는다. 놀라운 인사이트를 쏟아내며 직관적인 결정을 내리는 현인의 뒤에는 엄청난 양의 독서와 사색의 훈련과 다양한 경험이 깔려 있다.

현실을 뛰어넘기 위해서는 '오랜 시간 다져 놓아 딛고 뛸 수 있는 단단한 땅'이 필요하다. 질퍽한 땅에선 마음 놓고 뛸 수 없다. 뛰고 싶다면 먼저 땅을 단단히 다져야 한다. 최소한의 물리적인 시간을 견뎌야 한다. 시행착오 시간까지 감안한다면 땅을 다지기까지 짧게는 3년, 길게는 5~8년 정도의 시간이 필요하다. 삼십 대의 시간에 그 준비를 하지 않으면 사십 대에는 오롯이 혼자의 힘으로 서기 힘들다. 결과를 바로바로 내는 것은 인스턴트 식품뿐이다. 그건 영양가도 없고 금방 질린다.

겪어 보지 않고는 이해할 수 없는 것이 있다는 것을 알게 되었다

마지막으로 세상에는 '직접 겪어 보기 전에는 절대로 알 수 없는 것'들이 있다는 확신을 갖게 되었다. 이것은 진정 '참 트루'다. 아무리 백번 천번 말을 해도 본인이 직접 겪기 전까지는 절대로 이해할 수 없는 것들이 있다. 말로는 이해한다고 하지만 절대로 그렇지 않다.

실연을 당해 보지 않은 사람은 실연의 고통을 이해할 수 없다.

아이를 낳아 보지 않은 사람은 출산의 고통을 모른다.

4년 만에 회사를 그만둔 사람은 20년을 다니고 명퇴한 사람의 마음을 알 수 없다.

3년 차 사원은 자기가 모든 일을 다 아는 것 같아도 20년 차 부장의 시선을 알지 못한다.

이들은 자신이 겪어 보지 못한 것을 이해한다고 쉽게 말한다. 직접 겪어 보지 않았기에 아무 말이나 뱉을 수 있는 것이다. 반면 비슷한 경험을 해 본 사람은 말을 더 아낀다. 왜냐하면 그 상황에서 필요한 것은 말뿐인 위로가 아니란 걸 경험으로 이미 알고 있기 때문이다. 이건 전문가와 비전문가의 차이이기도 하다. 더 많이 아는 사람, 더 많이 경험한 사람은 부화뇌동하지 않는다. 침착하고 겸손하다. 고작 발목 정도에서 찰랑거리는 깊이만을 가진 자들이 더 떠들어 댄다.

이 말은 직장생활에서도 그대로 적용된다. 직장생활 약 3년 차 정도가 되면 일을 다 안다고 생각하기 쉽다. 이렇게 해야만 우리 팀이나 회사가 나아진다는 확고한 생각을 갖고 있다. 하지만 권한이 없어 답답해한다. 부장님은 꼰대 같은 이야기만 하고 있고, 옆자리 과장도 처음 일을 배울 때 느꼈던 대단함은 사라졌다. 목소리를 높여야 할 때 아무 말도 하지 않고, 싸워서 이겨야 할 때 한발 물러서는 모습을 보고 답답해한다. 바보 같은 부장, 과장 다 잘라 버리고 내가 하면 다 잘될 것처럼 느껴진다.

3년 차가 이렇게 생각하는 이유는 그가 바라보는 시선의 높이가 딱 3층 수준이기 때문이다. 또 자신이 보고 듣고 느끼고 경험한 것 너머에 무엇이 있는지 알지 못하기 때문이다. 고난의 수준도 자신이 경험한 것이 최대치라고 여긴다. 3년 차까지는 회사의 성장일 뿐이지 개인의 성장이 아니다. 아예 백지였기 때문에 시키는 일만 하면서도 내가 쑥쑥 성장한다고 느꼈던 것이다. 사실 나 또한 3년 차에 그랬었다.

* * *

어디에 서 있는지에 따라 보이는 것이 달라진다. 나의 최대치는 누군가에게는 손바닥 뒤집기 수준이 될 수도 있음을 잊어서는 안 된다. 길거리에 서서 보는 세상과 3층 빌라 옥상에서 바라보는 세상, 그리고 남산타워 꼭대기에서 바라보는 세상은 완전히 다르다. 각각 다른 세상을 보며 다른 생각의 그릇을 갖게 된다. 이건 10년 차가 되어도, 20년의 경험과 능력을 갖게 되어도 마찬가지다.

17년째 회사밥을 먹고 있는 나도 마찬가지다. 30년 넘게 일한 CEO의 생각을 알 수 없다. 그들이 보는 시야의 범위와 깊이를 알지 못한다. 그렇기에 항상 겸손한 마음으로 세상을 계속 경험하려 한다. 세상에는 아무리 수백 번 말해도 자신이 직접 겪어 보기 전까지는 절대로 이해할 수 없는 것이 있다는 것을 마흔이 되어서야 알았기 때문이다.

어제보다
나은 사람

직장인은 안정적이다. 사업하는 사람보다 안정성이 높다. 매월 꼬박꼬박 정해진 날에 통장에 월급이 들어온다. 요즘 같은 시대에는 엄청난 축복이다. 그러면서 한편으로는 동시에 답답하고 불안하다. 월급은 생각보다 적고 남의 돈을 받는 생활을 평생 할 수 없다는 것을 알기 때문이다. 그래서 다른 대안을 찾기를 원한다.

하지만 그런 시도는 오래 지속되지 않는다. 굳이 변하지 않아도 이번 달에도 월급은 나올 것이고, 친구와 인스타 맛집을 찾아갈 수 있을 것이고, 올해도 한두 번은 가까운 곳으로 여행을 갈 수 있을 것이기 때문이다.

우리에게 주어진 사람, 장소, 시간

현재를 언제까지 유지할 수 없다면, 또 지금의 상황이 불만족스럽다면 스스로 변해야만 한다. 하지만 그것이 쉽지 않음은 이미 앞서 충분히 이야기하였다. 특히 사회생활 10년 차라면 더 어려울 것이다. 그런 당신에게 한 가지 방법을 소개하고자 한다. 그건 바로 '사람, 장소, 시간'을 바꾸는 것이다.

이 중 가장 중요한 것은 만나는 '사람'을 바꾸는 것이다. 직장인은 매일 같은 사람을 만나 비슷한 일을 하며 시간을 보낸다. 그리고 때로는 퇴근 후에도 동료와 시간을 보내기도 한다. 같은 곳에서 비슷한 일을 하기에 나누는 이야기도 거의 비슷하다. 대화 주제도 한정적이다. 하루 동안 만나는 사람 중에 새로운 사람은 별로 없다.

이런 상황에서 무언가 변화를 불러온다는 것은 매우 어렵다. 사람은 자신이 가장 보편타당한 존재라고 생각한다. 그렇기 때문에 자기의 생각과 기준이 옳다는 신념을 갖고 있다. 그리고 매일 만나는 준거집단을 통해 그 기준을 강화한다. 어제도 오늘도 비슷한 사람을 만나기 때문에 생각과 행동이 변하지 않는 것이다.

대통령 선거를 하면 하늘이 두 쪽 나거나 국민들이 집단 세뇌에 빠지지 않는 한 당선될 확률이 거의 없는 후보가 한두 명씩 꼭 나온다. 그의 주위에는 자신을 지지하는 사람들만 있을 것이다. 다른 생각을 가진 사람이 있을 리 없다. 당연히 그들은 후보에게 당선 확률이 없다고 말하지 않는다. 그는 '잘만 하면 당선될 수 있을 거야.'라고 생각할 것이다.

끼리끼리 논다는 말이 있다. 이는 인간의 본성에 가깝다. 다른 생각을 가진 사람을 만나면 조금 불편하다. 그래서 나와 같은 생각과 취향을 가진 사람을 찾는다. 인터넷상에서는 자신의 생각과 비슷하고 자신을 옹호해 주는 집단을 쉽게 만날 수 있다. 그렇게 커뮤니티가 생성되고 강화되고 또 변질되기도 한다.

이렇듯 우리는 비슷한 사람들 속에서 편안함을 느끼고 생각은 단단하게 굳어져 간다. 내가 변하지 않는 이유는 나를 둘러싼 사람들이 바뀌지 않기 때문이다.

우리는 타인의 영향을 받으며 산다

개인에게 타인의 역할은 거의 절대적이다. '나는 절대로 남에게 휘둘리지도 영향을 받지도 않는 심지 굳은 사람이야.'라는 생각은 '지구는 평평해.'라고 믿는 것과 같다. 이 자리에 오기까지, 나 혼자서 걸어왔던 게 아니다. 타인과 무수한 관계를 맺으며 지금의 내가 만들어진 것이다.

의식하지 못한 순간에 다른 사람을 질투하기도 하고, 반대로 긍정적인 자극을 받아 성장하기도 했다. 어릴 적에는 절대적으로 부모님의 영향을 받고, 학창 시절에는 학교 친구들의 영향을 받는다. 성인이 되어서는 젊음을 함께 불살랐던 친구들, 회사에서는 동료 및 상사들과 관계를 맺고 영향을 주고받으며 그 안에서 내가 만들어진다.

당신이 친구들과 어느 카페에 갔다. 어떤 사람은 커피 맛에 대해 이야기할 것이다. "여기는 원두를 에티오피아산을 써서 산미와 바디감이 좋고, 로스팅을 직접 한 것 같은데 살짝 탄맛이 난다." 또 다른 사람은 사업성에 대해 이야기한다. "여기가 강남역 이면 도로니까 대략 월세가 얼마일 것이고, 지금 최저임금이 얼마니까 알바를 몇 명 쓰면 인건비는 얼마가 들겠지. 지금 점심시간 바로 직후인데 테이블 점유율과 영수증에 찍힌 번호를 보니 대략 하루 몇 잔을 파는 것 같다. 그럼 주인이 가져갈 수 있는 돈은 얼마 정도가 되겠구나." 또 다른 사람은 카페의 인테리어와 조명, 그리고 테이블의 원목과 그 가공법에 대해서 말할 수도 있다.

이렇게 같은 공간에서 같은 시간을 보내면서도 완전히 다른 시각으로 접근하는 사람들이 있다. 이런 사람들을 만나고 함께 이야기를 나눠야 한다. 그래야 굳어 가는 우리의 생각이 유연해질 수 있다.

영문과를 나와 마케팅을 하는 사람의 시각과 컴퓨터공학과를 나와 코딩을 하는 개발자의 시각은 하늘과 땅 차이이다. 자수성가한 사업가와 회사가 전부라 믿는 직장인의 시각은 또 다르다. 디자이너의 생각과 회계 업무를 하는 사람이 사물을 보는 관점도 완전히 다르다.

서로 다른 생각을 가지고 있기에 표현하는 방식이나 말하는 방식 그리고 이해하는 프로세스도 각자 다를 수밖에 없다. 당신에게는 같은 것을 다른 시각으로 표현하는 사람이 필요하다. 당신의 생각이 더 굳어지기 전에 말이다. 당신이 주위 사람들을 변화시킬 수는 없다. 하지만 함께하는 사람은 바꿀 수 있다. 회사에서 그것이 불가능하다면 퇴근 후에 하면 된다.

삼십 대 중반이 넘어가면 인간관계가 한번 크게 바뀐다. 예전에 친했던 사람도 가치관이 다르면 조금씩 멀어지고 관계가 끊어진다. 조건과 이해관계로만 얽혀 있는 사람과도 멀어지게 된다. 그 대신 당신이 원하는 삶을 위해 노력하는 사람, 그 일을 이미 하고 있는 사람들과 가까워지도록 의식적으로 노력해야 한다.

꿈을 말하고 미래를 말하며 긍정적으로 행동하는 사람이 곁에 있다는 것은 축복이다. 단지 오래전부터 알고 지냈기 때문에 당신에게 우울감과 낙심, 부정적인 영향을 미치는 사람을 가까이 할 이유는 없다. 그런 사람과의 관계를 끊는 것은 의리 없는 냉혈한이 절대 아니다.

주위 사람들 중 계속해서 가까이 하고 싶은 이들을 꼽아 보자. 지금 당신 옆에 어떤 사람들로 채워져 있는가는 직장인 이후의 삶을 좌우할 정도로 큰 영향을 줄 것이다.

나를 다른 환경에 던져라

때론 개인의 의지만으로는 다른 사람을 만나 자극을 받는 것이 어려울 수도 있다. 그렇다면 색다른 환경에 스스로를 던져 넣는 것도 좋은 방법이다. 수험생은 공부에 집중할 수 있도록 기숙학원을 선택하고, 살을 빼려고 마음먹은 사람은 단식원에 들어감으로써 음식의 유혹으로부터 벗어나고자 한다.

맹자의 어머니가 자식을 위해 괜히 세 번이나 이사를 한 것이 아니다. 작심삼일作心三日이라는 사자성어가 그냥 생긴 것도 아니다. 사람의 의지는 때로는 너무 나약하다. 사실 환경만 바뀌어도 행동이나 태도, 생각까지 바뀔 수 있다. 자신을 일깨울 만한 자극을 받고 싶다면 그런 사람들이 모인 장소로 가면 된다.

조용하고 평화로운 자연 속에서는 차분해지고 모든 것을 용서할 수 있을 것처럼 마음이 넓어진다. 높은 곳에 올라가서 아래를 내려다보면 모두가 개미처럼 작은 존재들인데 아등바등 싸우며 살아서 무얼 하나 하는 생각이 든다. 우아한 최고급 레스토랑에 가면 격식과 예의를 차리게 된다. 또 군복을 입고 예비군 훈련장에 가면 대한민국 남성 모두가 껄렁껄렁해진다. 장소가 사람의 마음가짐과 태도를 바꾸는 것이다.

환경을 바꾸는 가장 쉬운 방법은 주변을 정리하는 것이다. 방 안에 불필요한 것들을 모두 버리고 최소한의 물건만 남겨 보라. 깔끔한 장소에 있으면 마음이 정갈해지고 행동도 달라진다. 생각의 실타래도 술술 풀린다.

정리가 버겁다면 아침 출근 전에 침대 위 이불이라도 깔끔하게 정리해 보자. 퇴근 후 지친 몸으로 돌아와서 방에 불을 켰을 때, 방에서 가장 큰 침대가 정갈한 상태로 정돈되어 있으면 기분이 좋고 마음도 안정된다. 작지만 꼭 실천해 보기 바란다.

시간을 손에 쥐어라

마지막으로 바꿔야 하는 것은 '시간'이다. 사실 만나는 사람을 바꾸고 활동하는 장소를 바꾸면 사용하는 시간도 자연스럽게 바뀐다. 직장인이라면 조직 안에서 주체적인 시간 활용이 쉽지는 않다. 원치 않아도 어쩔 수 없이 해야 하는 일이 많기 때문이다. 의미 있는 일로 짜여진 루틴한 하루를 만드는 방법에 대해 앞서 이미 말했다. 그렇기에 여기에서는 딱 하나만 추가하고자 한다.

바로 의식적으로 생각을 비우는 시간을 만드는 것이다. 우리는 하루 종일 수없이 많은 인풋Input을 받는다. 길을 걷다가도, 지하철 안에서도 스마트폰만 있으면 전 세계의 정보를 모두 흡수할 수 있다. 그렇게 우리의 시간은 오로지 인풋만을 위한 것으로 가득 차게 된다. 물론 인풋은 아웃풋Output을 만들어 내기 위한 필수 요소다. 하지만 무조건적으로 쏟아지는 인풋만으로 모든 시간을 채워서는 안 된다.

하루 종일 정신없이 바쁘게 일하고 집에 돌아와 잠자리에 누웠을 때, '오늘 뭐했지? 아무것도 한 게 없는 것 같은데.'라는 생각이 들 때가 있다. 분명히 엄청나게 바빴는데 한 일은 없는 것 같은 느낌이 든다. 그 이유는 머릿속이 복잡하게 얽혀 있기 때문이다. 그때 필요한 것이 바로 비워 내는 시간이다.

정리된 방 안, 홀로 책상에 앉아 노트와 펜을 꺼내 무언가를 끄적이며 머릿속을 정리하는 시간, 도서관 서가에서 마음 가는 대로 책이나 잡지를 골라 뒤적이며 보내는 시간, 혼자서 한강변을 걸으며 바람을 느끼고 멍하니 강물을 바라보는 시간. 이렇게 홀로 머리를 비우는 시간에 그동안 쏟아져 들어온 인풋이 머릿속에 자리를 잡고 하나씩 정리가 된다. 바로 이런 정리의 시간이 직장인에게는 꼭 필요하다.

* * *

아직 우리에게는 나를 바꿔 나갈 시간과 기회가 남아 있다. 만나는 사람을 바꾸어 새로운 자극을 얻고, 환경을 바꾸어 태도와 생각을 바꾸자. 그리고 홀로 있는 비움의 시간을 통해 머릿속을 정리해 보자.

바로 이 변화가 앞으로 남은 50년의 인생을 좌우하게 될 것이다. 회사 밖에서도 당당하고 소중한 개인이 될 수 있는 변화는 지금부터 시작이다.

에필로그

회사는 고마운 곳이다. 치킨과 맥주를 사 먹을 수 있도록 월급을 주기 때문이다. 요즘 같은 불경기에 아침에 출근할 회사가 있다는 것은 참 감사한 일이다.

동시에 회사는 괴로운 곳이기도 하다. 시간을 돈과 바꾸는 팍팍한 곳이자 성취감 없이 인생이 소모되는 장소가 될 수도 있기 때문이다.

회사가 어떤 의미이건 간에 오늘 당신이 출근한 회사는 과거의 당신이 원했던 곳임에는 틀림이 없다. 그렇다면 이 책의 첫 꼭지에서 던졌던 질문을 다시 해 본다.

'당신은 왜 이 회사를 아직도 다니고 있습니까?'

에필로그까지 읽었다면 반드시 답해 보자. 그 질문은 당신의 현재의 이유를 묻는 것이다. 당신이 지금 어디에 서 있는지 위치를 정확히 알아야만 이 책을 덮고 나서 앞으로 걸어 나갈 힘을 얻고 방향도 찾을 수 있을 것이다.

회사생활을 막연한 비꼼이나 조롱의 대상으로 삼지 않았으면 좋겠다. 스스로 비난하는 곳에 몸담고 있는 것은 괴로운 일이다. 조금 다른 시각으로 회사를 냉정히 바라보고, 회사 안에서 개인이 더 발전할 수 있는 행동을 하기를 바란다. 이는 회사에도 도움이 되겠지만 당신에게 더 큰 도움이 될 것이다.

마지막으로,

누군가 나에게 회사생활을 하면서 어떻게 직장생활연구소 활동을 하고 책도 쓸 수 있느냐고 물어본 적이 있다. 이 자리를 빌려 답하자면 그건 아내의 도움 없이는 불가능한 일이었다. 그가 자신의 시간을 떼어 내서 나에게 건네준 덕분에 가능한 일이었다.

17년 동안 직장생활을 하며 나를 이해해 주고 격려해 준 아내에게 늘 고맙다. 그런 의미에서 이 책의 최대 지분은 아내의 것이다.

이제 당신이 이 책의 진정한 제목을 완성할 차례다.

'나 회사 너무 오래 다닌 것 같아.
그래서 _______________를 하겠어!'

부디, 당신만의 제목을 완성하고 책을 덮길 바란다.

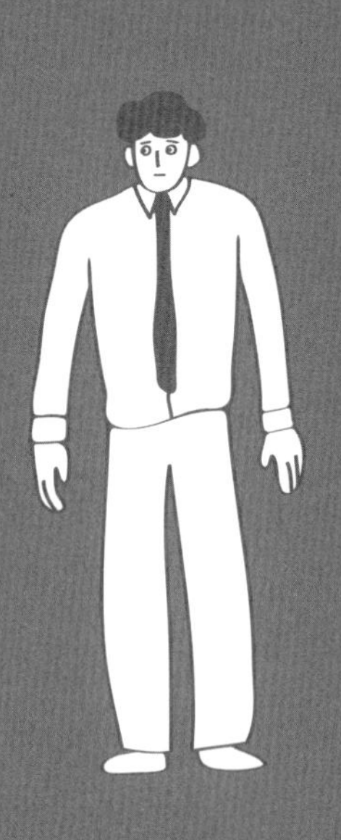

나 회사
너~~~~~ 무 오래
다닌 것 같아

초판 1쇄 발행 2019년 9월 18일

지은이 손성곤
펴낸이 이광재

책임편집 김미라 **편집** 오지은
디자인 이창주 **마케팅** 정가현 **영업** 허남

펴낸곳 카멜북스 **출판등록** 제311-2012-000068호
주소 서울 마포구 성지길 25 보광빌딩 2층
전화 02-3144-7113 **팩스** 02-6442-8610 **이메일** camelbook@naver.com
홈페이지 www.camelbooks.co.kr **페이스북** www.facebook.com/camelbooks
인스타그램 www.instagram.com/camelbook

ISBN 978-89-98599-59-1 (03190)

• 이 도서의 국립중앙도서관 출판예정도서목록(CIP)은 서지정보유통지원시스템 홈페이지(http://seoji.nl.go.kr)와 국가자료공동목록시스템(http://www.nl.go.kr/kolisnet)에서 이용하실 수 있습니다. (CIP제어번호 : CIP2019033919)